王云龙说拳论劲

王延军　编著

人民体育出版社

图书在版编目（CIP）数据

王云龙说拳论劲 / 王延军编著. -- 北京：人民体育出版社, 2023
ISBN 978-7-5009-6210-6

Ⅰ. ①王… Ⅱ. ①王… Ⅲ. ①太极拳－研究 Ⅳ.①G852.11

中国版本图书馆CIP数据核字(2022)第165083号

*
人民体育出版社出版发行
三河兴达印务有限公司印刷
新 华 书 店 经 销
*
710×1000 16开本 13.75印张 217千字
2023年5月第1版 2023年5月第1次印刷
印数：1—5,000册
*
ISBN 978-7-5009-6210-6
定价：55.00元

社址：北京市东城区体育馆路8号（天坛公园东门）
电话：67151482（发行部） 邮编：100061
传真：67151483 邮购：67118491
网址：www.psphpress.com
（购买本社图书，如遇有缺损页可与邮购部联系）

王云龙简介

王云龙，山东省龙口市人，生于1938年4月。祖父王鸿升曾为清末官府保镖，父亲王景玉精通少林拳。出身武术世家的王云龙在童年时期便爱上了传统武术。

他10岁随父习练家传小洪拳和小洪刀。1965年拜解华祥为师，学习杨式太极拳。1970年拜北京太极大师刘晚苍为师，学习太极推手。1975年拜太极拳名师张世聚（王茂斋之外甥、系嫡传弟子）为师，学习吴式太极拳。50多年来，他倾注全部心血研修传统吴式太极拳，矢志不渝，造诣颇深。曾任山东省民族文化学会民族武术委员会理事、北京市武术运动协会吴式太极拳研究会第五届理事会顾问、山东省龙口市第一届和第二届太极拳协会主席，中国武术六段，获誉“一级武术师”，入选《中国民间武术家名典》（上卷，编号03540）。

王云龙向北京太极拳名家马长勋颁发龙口市太极拳协会名誉主席聘任书
（左起：王云龙、马长勋、王延军）

北京市吴式太极拳研究会会长关振军到龙口市太极拳协会考察
（左起：孙行发、吕孝丁、李银根、王云龙、关振军、王延军、王智江、迟玉昆）

王云龙与京城太极拳名家钱育才、高壮飞合影
（左起：王云龙、钱育才、高壮飞、吕孝丁）

北京武术名家王举兴回莱州，王云龙带领学生前去拜访
（前排左起：王云龙、王举兴；后排左起：吕孝丁、李绍臣、王延军、王盘林、王东）

到莱州市吕村参观王云龙之恩师张世聚故居

烟台市政协副主席、烟台市太工委主任吕志海，市太工委副主任曲进胜来龙口指导太极拳协会工作（左起：王延军、曲进胜、吕志海、王云龙）

北京太极拳名家马长勋的学生韩杰来龙口拜访王云龙

（前排：王云龙；后排左起：宫春、包德邦、韩杰、王永明、李军）

吴式太极拳名家修丕勋之子修占（左二）陪同王云龙等参观太极拳大家王茂斋故居

中国大百科全书出版社编辑部主任、编审刘培一来龙口与王云龙交流拳术

北京市吴式太极拳研究会名誉会长、北京师范大学教授钱育才在龙口与王云龙交流
（左起：孙祚正、王云龙、钱育才、李绍臣）

王云龙与恩师张世聚之子张继先合影

王云龙等与北京太极拳名家马长勋切磋交流

（左起：王延军、王云龙、马长勋、李玮静）

北京太极拳名家马长勋与王云龙等在龙口合影
（前排左起：王雨龙、王云龙、马长勋、孙祚正；
后排左起：吕孝丁、姜国良、史文东、李绍臣、邹伟、张云峰、刘其刚、宋深厚）

北京太极拳名家马长勋之子马骏在龙口与王云龙摸手试劲

烟台通背拳名家牟仁杰到龙口与王云龙切磋交流拳艺

写在前面的话

我从来没有写书的打算，总认为自己缺乏这方面的本事。自跟随云龙师学习太极拳以来，渐渐产生了编写一本书的念头，动因如下：

必须留下记录。2009年3月开始，我利用业余时间不定期地到云龙师家里学拳。刚接触太极拳时，听老师讲拳架、说拳理，有一种既陌生又神奇的感觉。之后逐渐领悟到，太极拳不只是一门拳术，老师所讲的拳理拳法，更是做人处事之道。随着时间的推移，一种无形的力量不时地拨动着我的心弦，促使我产生一种想法：必须把老师所讲的东西用文字记录下来，以便在日常中细细消化，指导拳修。

必须整理出来。云龙师倾毕生精力修拳悟道，不仅培育了像李绍臣、张云峰、邹伟、宋深厚等一批已经踏入拳道之门的骨干学生，而且亲自撰写了不少拳修文章和心得体会。对那些宝贵的拳修资料不加以收集整理，年久恐会丢失。为避免这一缺憾，一种使命感驱使自己下决心将老师积累的资料整理出来，以求其拳修资料的系统性、完整性。

必须传承下去。在整理云龙师的拳修资料中发现，老师历经艰难曲折、千锤百炼形成的拳修成果，充分体现在他的拳修文章和心得体会之中。可以毫不含糊地讲，他的拳修成果，为传承传播太极内功、丰富发展传统太极拳文化作出了不可低估的贡献。如何使云龙师的拳修成果展现在传统太极拳文化之中，如何将云龙师传承的太极内功在太极拳传承历史沿革中得以发扬光大，如何让后人既能够了解龙口出了个太极名师王云龙，又能够分享其拳修成果，《王云龙说拳论劲》的面世，或许可以为上述之问作答。

本书主体内容分为三部分。

第一部分为授拳实录。以往每次跟着云龙师学拳，我都是现场做笔记，之后将老师讲授的内容以日记形式加以整理，打印成文字，再交给老师审核、签名。自2009年至2014年，共整理学拳笔记18.3万字。

本书在上述学拳笔记中选用5.8万余字，具体分为“拳理”“盘拳”“推手”三个方面。鉴于老师每次所讲的内容，大多数时间是既讲拳架，又讲拳理，还讲推手，往往是三方面内容互相穿插。在整理此书稿时，保留了每天或每次所讲内容的完整性，并以每次所讲主要内容作为分类标准，依照时间顺序分别予以编录。并且，保留了王云龙老师当年审核编者某阶段学拳笔记时的签名真迹。

第二部分为悟拳手迹。这部分收录了云龙师于2009年至2020年这十余年间的悟拳手写笔记36篇，分为“理法体会”和“试劲体验”两个题目，题目为笔者所加。为便于读者了解、研读云龙师悟拳笔记真迹，先是刊录原手写笔记的照片，然后在照片之下照原文如实打印刊载。为保证原手迹的真实性，对于原手写笔记中出现的错别字及时间，打印的正文不做校改，均于其错别之处后面的括号内予以更正。

第三部分为修拳拾粹。本书收编了云龙师撰写的拳修体会和文章11篇，其中被《中华武术》《武魂》《武术健身》等武术界代表性刊物采用5篇。在这些珍贵的拳修资料中，有的文章记载了王茂斋、修丕勋、王子英、张世聚、刘晚苍、杨禹廷等老一代太极拳家的事迹，弘扬了太极大家的武德与风采，佐证了太极内功的奥妙与威力；有的文章记述了云龙师在拳修中体悟的秘诀，在过去，这些秘诀至多传给入室弟子，现经老师允可，将其公之于众，以飨读者。

以上三部分内容分别独立成章，尽管相互之间没有逻辑关系，但其贯穿的主旨及反映的特点都是一致的，主要体现在一个主体、一个主旨、一种精神上。

始终不离太极拳“练内不练外”这一主体。云龙师教拳是先教拳架，并倡导学生打坐、站桩，引领向内练、往里找，强调松身体、去僵力，主张周身一家、不自动，不重外形，通过外形练内功。

始终紧扣拳论“凡此皆是意”这一主旨。云龙师在讲拳理时，反复讲述“筋骨松，皮毛攻”“有形有意都是假，拳到无心方见奇”“无为之为”“无过不及”“舍己从人”等名家之论。在讲拳架时，重点强调“以意领形”“立不摆架”“肌肉若一”“节节贯串”“天人合一”“虚无气势”等拳谱要点。在讲推手时，用心阐释“引、化、拿、发”“用意不用力”“神形合一”“透空无为”“关键在一个‘合’字”等拳之要言。云龙师在说拳论劲中，常常对老前辈的拳论信手拈来、朗朗上口，让学生百听不厌、深受其益。他常讲：“‘凡此皆是意’这一拳论，道破了太极拳修练的天机，离开了这一点，就不是传统太极拳。”

始终追求“拳修无止境”这一精神。云龙师于28岁那年开始习练太极拳，到50多岁时已经功夫上身，一些练外家拳的高手常登门拜访，在与其试手中，云龙师都是点到为止，从没失过手。尽管其拳艺达到了一定的水平，但他从未驻足不前，而是在拳修中不断地否定自我，勤学苦练，永不懈怠。直到现在，云龙师虽已83岁高龄，仍然在每天早晨、上午和下午三个时段各打两遍拳架，坚持静坐或静卧练功，其执着追求“拳修无止境”的精神可见一斑。

云龙师的拳修经验证明，不离一个主体，紧扣一个主旨，追求一种精神，是修为太极内功的法宝，可为太极有缘人打开太极之门提供一把金钥匙。

编著者

2021年3月20日

序一

我的一点感言

《王云龙说拳论劲》的问世，了却了我多年的夙愿，实现了自己为后人留下点儿太极真东西的梦想。

我出生在一个武术世家，从10岁开始随父亲习武。1965年一个偶然的机会，有幸接触到吴式太极拳，从此踏上了“追梦”之路。期间，我经历过诸多困惑，承受过百般挫折，一度被人嘲讽为“拳痴”“不务正业”，但矢志探寻真太极拳的决心从来没有动摇。或许是上天的眷顾，经过五十余载的孜孜追求，自己对传统太极拳的内涵不断地有所感悟，阴阳之道在自身得以实修实证。

20世纪80年代，我开始对外传授太极拳。2010年，我当选为龙口市首届太极拳协会主席，传承、推广传统太极拳有了更加广阔的空间。目前，我教授的学生中，有龙口本土的，还有天津、青岛、潍坊、烟台等异乡的。令我欣慰的是，一些学生已经从我手中接过了先师的衣钵。面向苍穹，我满怀深情地告慰恩师张世聚、刘晚苍，老一代所传授的太极内功得以代代相传，传统太极拳后继有人。

《王云龙说拳论劲》一书，是在我的学生、龙口市人大常委会原主任王延军的辛勤努力下整编完成的。延军自跟随我学拳以来，每次听我讲拳说劲，都带着个小本本做记录。每过一段时间，他将学拳笔记整理成文字送给我，让我帮助审核把关。这种谦逊好学、潜心钻研的精神实属可贵。古往今来，传统武术都是通过口传身授的方式来传承，很少有文字记录。即便留下点儿文字资料，也是秘而不宣，独自享有。延军对我所传授的太极拳不仅自己受益、内功上身，而且勇于冲破过去世俗观念的禁锢，将个人的学拳笔记作为书稿的主要内容面世，以让更多太极拳爱好者受益。我为有这样的学生而感到自豪。

路漫漫其修远兮。在传统太极拳修为的征途中，我尽管已到耄耋之年，但仍有决心继续当好小学生，生命不息，拳修不止，甘愿为传承传统太极拳文化倾尽绵薄之力。

王云龙

2021年4月22日

序二

题贺《王云龙说拳论劲》出版

一生持守功法，

感悟传统精髓。

承续吴氏流脉，

成就非凡勋业。

张炜

2021年12月1日

注：张炜，当代著名作家，中国作家协会副主席。

序三

一部揭示内功奥秘的佳作

年前，延军来京时告诉我，他正在编写一本关于王云龙说拳方面的书。我一再叮嘱延军，待成书后寄赠一本给我。前天收到延军寄来的《王云龙说拳论劲》书样，同时委托我帮忙做两件事，一是审核一下书稿，二是希望我为此书写一篇序文。

邮件送达时已近傍晚，我迫不急待地捧起还散发着阵阵墨香的书稿，以致我顾不上晚餐，完全被书中的字字句句所吸引。透过书中文字，我似乎清晰可见，延军虔诚地端坐在王云龙老师面前，用心聆听老师讲拳授道；我仿佛听到云龙老师语重心长地说，练对了拳，得到了拳，就得到了明珠，她是无价之宝，什么名啊利啊，都不可比，当遇上烦心事时，一练拳就都放下了，除掉了烦恼，得到了浑元气；我宛若观睹云龙老师郑重地告诫后学，太极拳是个“道”，是老子无为无不为思想的体现，与“道”相反，是“非道”，“非道”追求有为的东西，强调“着”，练“着”用“着”，那就回到外家拳讲技巧、讲力量、讲速度的道上去了。

《王云龙说拳论劲》记载了云龙老师数十载对学生的谆谆教诲，字里行间无不渗透着老师对学生真传实授的心血，充分展示了云龙老师对太极拳内功的真知灼见。该书结构新颖，内容真实，以编者数年学拳笔记为主脉，并刊载了云龙老师的拳修文章，公开了云龙老师的悟拳手迹，从传统武术角度来看，其资料十分珍贵，可谓之“王云龙拳学语录”。我认为，《王云龙说拳论劲》是一部揭示内功奥秘的佳作，是广大太极拳爱好者学习太极真功的一本不可多得的教材。

编者王延军甘愿将自己的学拳笔记公之于众，对云龙老师的太极人生以自身的深切体会作了客观评价，所体现的为人风格是尊师重道始终如一，所展现的做事风格是笃行致远始终如一。“始终如一”恰是太极拳的重要特点，我为延军这种始终如一的风格点赞！

第一次与王云龙老师相见，是在2013年6月。我应山东省龙口市太极拳协会的邀请，为龙口市太极拳爱好者讲授无极桩功，那天到达龙口后，受到王云龙老师及市协会其他领导热情接待。虽说是与王云龙老师第一次见面，但在此之前，对王老师的为人，对他数十年如一日苦修太极拳且深得真功，对他传承传播太极拳的奉献精神，我已从延军口中得知全貌。延军曾满怀深情地告诉我：“王老师培养了一大批太极拳优秀学子，现今，传统太极拳在龙口得以健康发展，王云龙老师功不可没。”

延军曾说起与我相识起因，是王云龙老师看了我发表的《我和太极拳》文章后，郑重其事地讲要想办法见见这位老师。延军公开讲：“王老师为推动传统太极拳的发展，摒弃门派之见，大力支持引荐李老师与龙口太极拳学子结缘。”王云龙老师的博大胸怀和求真精神的确令人钦佩。无论是对太极真功始终不渝的深耕精研，还是为人处世的高尚品格，王云龙老师永远是我学习的楷模。

祝贺《王云龙说拳论劲》积微成著、付梓出版！

祝福云龙老师健康长寿、拳修精进！

祝愿太极拳习练者从此书中汲取营养、终修正果！

李光昭

2021年4月6日

注：李光昭，北京太极拳名家，十六岁随父亲习练太极拳。其父李树田师从白旭华（系杨健侯、杨少侯高足）及徐岱山（系杨澄甫、杨少侯入室弟子）。光昭先生师承杨家传承体系，深得杨家门内太极内功之真传。

序四

情系太极　上下求索

我与王延军先生相识是在2013年8月。那一年，龙口市太极拳协会举办首届老年人太极拳锦标赛，我应邀出席并采访了此次赛事活动。作为这次赛事的组织者和龙口市太极拳协会的创办者，王延军先生给我留下了深刻的印象。后来，他又到北京参加《中华武术》杂志举办的太极拳名家大讲堂，我们再一次相聚，他那谦逊好学的精神，让我深深地佩服。

王延军先生曾任龙口市委副书记、龙口市人大常委会主任。1997年，他“因病思变”，开始学习太极拳，从此迷上这一中国传统文化瑰宝，二十多年苦练不辍。退休后，他把全部精力都投入到太极拳的修炼、传播事业上：创办龙口市太极拳协会、举办太极拳辅导班、组队参加省内外的太极拳比赛，他还亲自下场参加比赛，获得过山东省第10届太极拳锦标赛的太极拳冠军和太极剑冠军……

作为龙口市太极拳协会的创办人，王延军为龙口市太极拳的普及发展做出了巨大的贡献。记得当年参观龙口市太极拳协会的办公室时，我看到了墙上挂满的锦旗、奖状，还看到了太极拳协会每月一期出版的内部刊物《太极拳简报》。他们还经常组织“送拳下乡活动”，到乡村传授太极拳。他们组建了专门的太极拳表演队，经常参加龙口市的武术表演活动。现在的龙口市太极拳协会，已经成为龙口市太极拳传播普及的主力军。

除了热心于太极拳的传播推广工作，在太极拳技艺的追求上，王延军也是精益求精，上下求索。为了提高太极拳技艺，二十多年来，他在全国各地遍访名师，虚心求教。他曾拜北京杨式太极拳名家崔仲三先生为师，成为入门弟子，学习传统杨式太极拳；后来，他又追随龙口市的吴式太极拳名家王云龙先生，学习吴式太极拳；最近这十多年来，他多次到北京，向太极拳名家李光昭学习太极拳内功。

光阴似箭，时光如梭，转眼间七八年过去了。今年4月末，暮春的北京花红柳绿，飞絮如雪。“落花时节又逢君”，多年未见的王延军先生带着一部书稿来到了北京。他说，他把多年来追随王云龙老师学习太极拳所记的笔记、王云龙老师的拳修日记及撰写的太极拳修炼文章汇编成书，准备出版。翻看着这部近20万字的书稿，阅读着王延军先生记录下的王云龙老师讲述太极拳的文字，我深深地被这位老人折服了——这是怎样一种精益求精、上下求索、追求太极真谛的精神啊！

春去秋来，三四个月过去了，王延军先生编撰的《王云龙说拳论劲》一书的出版事宜进展顺利。8月初，王延军先生给我发来微信，希望我能为这本书写个序。我毫不犹豫地答应了。作为从事武术专业期刊编辑出版工作二十多年的资深编辑和太极拳的练习者，我愿意向读者介绍这部书。

首先是这部书的朴实无华，言简意赅。年过耄耋的王云龙先生是吴式太极拳著名传人，一生修炼太极拳，他性情淡泊，功夫精湛。王延军先生是个有心人，在向王老师学拳的十多年间，他笔录下老师的所讲所授，不加润饰，汇编成书，虽然语言散漫，却又一以贯之，那就是练习太极拳要“练内不练外”，要“用意不用力”，主张“周身一家，不自动，不重外形，通过外形练内功”。朴实的文字中，蕴藏着王云龙老师一生修炼太极拳的经验与心得，无论对太极拳的初学者还是学有经年者，都有借鉴意义。

其次是透过这部书的文字，我们能感受到一个太极拳修炼者由术到道的追求精神。王延军先生是一位领导干部，但是在学习太极拳的过程中，却是一个谦逊的小学生。他尊师重道，谦虚谨慎，刻苦认真，从对太极拳形的练习，到对太极拳内意的追求，最后重意不重形，达到对人的品格的修炼。这一修炼太极拳的历程，对每一个太极拳的修炼者来说，都会有所启迪。

最后是这部书中蕴含的太极文化。太极拳是中国传统文化的结晶，“太极者，无极而生，动静之机，阴阳之母也”。书中讲述了无极、无极桩、太极图等概念，更多的是练拳的所感所悟。这些传统文化的概念和对拳术的感悟，虽然在书中很是散乱，不系统，有些只是只言片语，但是“一本散万殊，万殊归一本”，只要抓住无极、太极这个根本，结合自己的练拳体会，以拳载道，以拳悟道，对传统太极文化，太极拳练习者在这部书中都能学有所得。

衷心祝贺王延军先生的大作出版发行。

龚建新

2021年8月18日于北京

注：龚建新，编审，《中华武术》杂志执行主编，习练太极拳三十余年，先后出版《太极真谛》《太极正道》《功夫窍要》《京城武林往事》（合著）等专著。

目 录

第一部分

授拳实录

这一部分，是我跟随云龙师学拳时，将老师每次讲授的拳理拳法予以记录，原汁原味整理并呈请老师审改后形成的原始资料。

“传真东西，不图名利”“倾囊相授，不保守”，读者可通过品读这部分内容，领略云龙师在传承太极拳中的独特魅力。

一、拳理

修拳先明理。

关于拳理，云龙师讲："我对太极拳理论，既没有发明，也没有创新，只是通过日常练拳、悟拳，去一点一点地理解、消化老祖宗留下来的东西。"

云龙师对老拳谱如数家珍，将拳论掰开揉碎讲给学生听，使每位跟随他的太极拳学子在拳谱、拳论的启迪下打开了心灵的窗户。

王云龙

2009年3月30日王老师家

王老师说：

练拳要松心，只有心松好了，身体其他部位才能全松下来。如太极起势，两臂下落时，首先是静心、松心，然后意念想松肩、松胸、松肋，这样两臂会自然落下来。

2009年6月18日王老师家

王老师说：

我认为，太极图中阴阳鱼之间的那条中线，所表示的就是阴阳合一，练拳时要细细地体会这阴阳合一。

2009年6月29日王老师家

王老师说：

武术，体现在太极拳里，"武"是功，就是要用功夫练出"中定和浑元气"来，练出"透空无为"来，练出"虚无气势"来。

中定和浑元气表现出来就是太极内劲。

透空无为，是指全身透空、脑子空净。这样，体无拙力，心无杂念，也就没有形和相。

虚无气势，是指通过练精化气、练气化神、练神还虚，由体内透出的气势。此气势有能量，能感染人、能覆盖人。杨澄甫大师称“虚无气势如绢裹明珠，光泽内藏，普照一切”。

太极拳的“术”，表现在太极劲上就是会引、化、拿、发。

2009年7月11日王老师家

王老师说：

1. 我最近总结了一点儿练拳体会，就是一句话：“劲冷、术纯、合得妙，不断研进得大道”。“劲冷”，就是在无为的状态下，劲来得快、突然，使对方防不胜防、惊心动魄；“术纯”，是指引、化、拿、发要精到；“合得妙”，即阴阳合一、恰到好处，“过”了则顶，“不及”即瘪。

2. 打拳也有惯性，借惯性运劲走架子，如同书法写字，有了惯性，字才流畅。

3. 陈长兴先师讲过，借劲容易上劲难，还以上劲最为先。借劲是借对方来力，与之阴阳合一，使彼力还彼身。上劲是彼不动，我主动进攻。即我主动打对方，先给对方一点力要其反力，然后借其受力后自然反应之力化而发之，此为打上劲。

4. 郭云深老先生讲：“有形有意都是假，拳到无心方见奇。”太极拳必须无形无意，与对方搭手之前，既不想对方打我怎么办，也不想我怎样打对方。真正是“拳到无心”阶段，所有动作都是因人而动的自然反应。

5. 杨澄甫大师讲过“柔腰百折若无骨，撒去满身都是手”。我理解澄甫大师讲的是全身练得很松空，处处能化、能拿、能发，就是对方挨我何处皆能化、拿、发。

2009年7月27日王老师家

王老师说：

这是我练拳的一点儿感悟，你们可记下来作参考。

两腿气筒足灌铅，

两脚好像渗地间。

周身气筒涨又圆，
力大无边似罗汉。
身似气球飘飘然，
腾云驾雾赛神仙。

2009年8月5日王老师家

王老师说：

1. 拳是基础。杨禹廷大师讲过，太极的东西都在拳里。我认为，推手中的引、化、拿、发也要从拳里去找。

2. 太极之用无处不“合”，一落一起就是“合”。揽雀尾动作就表现了“合”。形意拳的劈拳，也是一落一起，尚云祥大师将其称作“熊鹰合形”。武术各门派共同的规律是，练到高层次都离不开“合”。你与高手一见面，他一伸手，你就丢了，因为他“合”上你了，你还不一定知道。

3. 石明大师讲过，练太极拳是微雕。我体会，用太极劲也是微雕，是用心意“合”对方，急了不行，慢了不行，而不是用手打对方。这个“合”越细越好，与对方一接触就渗在里头，要渗透合一，从脚底下上来劲，劲意很长，翻江倒海。要相信自己的“东西”，我一“合”，对方就不得势，但如果散了就不行，必须劲整，必须中定。

4.太极拳要能落地生根。怎样才能落地生根？松得好就能。你脚一硬，地面杠脚，就不行。你一松，全身沉下去了，力都渗进地里面去了，就叫松沉。若杠脚掌就叫“双重”；松下去了叫“双沉”；飘起来了叫“双轻”；没有“双沉”就没有“双轻”。双轻不同于双浮，前者有中定，后者没有中定。

5. 打“上劲”。手一拍，在这瞬间就用了四个劲：第一个劲“要反力”，第二个劲“渗进去”，第三个劲“拿”，第四个劲“发”。

2009年8月31日王老师家

王老师说：

1. 盘拳就是练精化气，练气化神，练神还虚，逐步地练到“虚无”状态。达到这种状态，就是把拙力、僵劲、杂念等都练无了，就是“什么都没有”，这是个“道”。

2. 有了中定，练出“虚无”状态，周身一家，神、意、气齐发，必能克大力。

3. 应对所有外力，包括速度很快的大力，胜败如何，关键在“合”。彼不动，己不动；彼欲动，己先动，就是要抓住“合”的机势。自己务必不能先拉架子，只有把握好对方的欲动机势，才能“合”得好，占主动。

2009年9月14日王老师家

王老师说：

太极劲，重在意，用意越足，气就越足，劲就越大。

2009年9月19日王老师家

王老师说：

1. 临敌如绣女，是指面临强敌，要做到思想能放松下来，不惊不躁，若无其事，既无霸气，又无惰气，而是一团和气。这样身心放松下来，处于自然状态，就是太极的状态。

2. 你看一下《我和太极拳》这篇文章，这是宋深厚从网上下载的，作者叫李光昭。我看他写的文章很好，有太极的真东西。你看他写的：“父亲在世时，经常告诫我：拳要看。看什么？看人家是怎么起势的；看从起势到收势，是否如长江大河滔滔不绝，无缺陷、无凹凸、无断续；看是否总须完整一气；看一举动周身是否轻灵；看一举手前后左右是否全无定向……”这都是拳论上讲的要点。我建议你有机会能拜访一下这位老师。

2009年9月22日王老师家

王老师说：

1. “澄心定性”很重要。关键在“澄心”。澄心即净心，净心才能心静，心静才能体松。心要静得什么都不挂，这样，全身就自然松透。松得好了，也就定性了。

2. 杨禹廷大师讲过，脚底分阴阳，轻扶八方线。这说明，在太极里脚很重要，脚下分阴阳、明虚实很重要。这里的八方线，是指太极的四正四隅。

3. 搭手使对方“起根”，对方若继续挣扎，就要“加力”应对对方。“加力”，要遵照“斤对斤，两对两”的原则，你加多少，我也“加”多少。太极的“加力”不是加身体的本力，而是让身体再松沉，即松腰、松胯、松尾闾，从脚底下上劲。只有这样“加力”，才能使对方的大力总浮在我的上面，这就叫“起根”。

2009年9月28日王老师家

王老师说：

杨禹廷大师讲过这样一句话，大体意思是：“推手是推脚，打拳是打脚，脚底下分阴阳”。可见，太极拳就是练脚用脚。因为，太极之劲，全是从脚底来，由脚底上劲。而脚底之劲能不能上来，又在于心、腰胯、尾闾能不能松下来。所以在盘拳或推手时，要着力松心、松腰胯、松尾闾，这是关键，任何时候都要这样去松，这样地练。久久练习，就养成了自然松，全身松成个气筒，这种状态有中定。对方来劲，你自然一合，再一化、一拿，对方就起根。要努力保持太极状态，我在与大力者接手之前，调整保持的就是这“三松”。

2009年9月30日王老师家

王老师说：

1. 不论盘拳架还是推手，腰与脚要连贯一气，即上下相随。我通常将这个比作把腰拉上大闸，脚底的“电”才能通上来。

2. 太极拳的“双轻”，我体会，就是自然放松，脚如踩棉花。太极拳的“双沉”，我体会，就是全身都沉下去，双脚如同渗在地里。若做到了“双沉”，就能克大力、制外力，如李雅轩大师所讲的“走沉劲”。

3. 看对方动没动，不是看手，手为梢节，而是看肩膀，这肩部是根节。若看到手动时再去接，就已经晚了。因为对方已合上我，抢占了先机。正确做法是，我保持透空无为如绣女，当敌欲动即意动之时，便可察觉敌之身形微动，我即以意自然合之。

2009年10月14日王老师家

编者此日抄录的王老师悟拳手记：

1. 2009年10月11日凌晨2时，觉醒不能再眠，感悟太极几个劲，起床记之。

（1）“毛驴抖瞎眼蒙劲”。瞎眼蒙（学名牛虻）叮咬毛驴之背，毛驴浑然一抖，即将野蜂抖出。这是刘晚苍老师讲的，他用这个比喻来阐述太极的周身一家劲。刘老的悟性极高，能做到拳即是手，手就是拳，是名不虚传的太极高手。据说杨班侯先师将米粒放在肚子上，一运劲把米粒打飞，那就是“毛驴抖蜂劲”吧。再如“爆炸劲”，对方挨我何处，何处可击之，也是这个劲，都是周身一家，将神、意、气在刹那间爆发。

（2）“狮子抖毛劲”。对方刚挨上，吾以神、意、气猛抖之，对方受惊乍而去。

（3）“翻江倒海劲”。如走“太极起势”，把对方似巨浪翻滚掀起，又像龙卷风将地上之物卷起来，这也是神、意、气劲，周身一家，神形合一，如烈风摧枯拉朽之势把敌掀起。

2. 练太极感言

太极——祥和熏风荡芦花，云雾飘飘行天。

天人合一——天人合一飘飘然，脚踩云雾似神仙。

3. 为人处世之警言

能忍自安糊涂难，胸纳百川乐无边。

世上事善恶自然，看透放下不了了之。

不要论人“短长”，否则是非即来。专论是非者，必是是非人。人之性格不一，看事认理则异。何况，长了能短，短了能长。但凡说长论短，必引起他人不满，继之发泄不满，或伤人。故而，自己长处不显示，他人短处不蔑视。

2009年10月19日王老师家

王老师说：

1. 用太极劲，是“无为之为”。要想“无为”，必须无意。若开始就有意，就会下意识地做准备，这样就露头了，不仅会被对方发现，还丢了中定。只有做到无意，才能无为。只有无为，才能藏得住，不被对方发现，还能保持中定。故而，“无为”是用太极之前提。

2. 我体会，太极功夫这三点很重要：一是“中定”；二是“阴阳合一”，刘光斗大师称其为“劲意”；三是“引、化、拿、发”。这三点，第一点为“功”，后两点为“术”。中定愈好，则“功”愈深，

“术”便会愈妙。

3. 太极的“舍己从人”，既是化，又是拿，这是太极拳与外家拳的最大区别。“舍己从人，擒纵在我”。即意欲擒之，必先从之，再从人中“合”之，化而拿之。

4. 拳练好了，虚无气势就好，不管对方多大力，只要他一动，就被自然“合”上，使他“起根”使不出劲来。

2009年11月21日王老师家

王老师说：

1. 怎样打冷劲？前提是不想打人，不争胜，透空无为，在一触对方时，以意打出一个无形圈发人，这就是打冷劲，是太极的最好劲。打冷劲可使对方惊心动魄、腾空而出，那真是妙不可言。

2. 盘拳架时，一起势手上的沉劲就不断，一断就没有中定了。留意腰胯、丹田不上浮，五脏六腑自然下垂、各就各位，全身的松沉劲始终不断。将这个松沉劲串在拳架或推手之内，例如用沉劲去沾、粘、连、随，这一点很重要。

3. 中定越好，阴阳合一就越自然，引化拿发的威力就越大。

4. 关于“合”，用意指挥腰胯上下划个圈，这个圈就是周身一家做了一个“雀起尾”，一沉一起，也叫作“熊鹰合形”。

5. 关于无极与太极。无极是道，无极状态是自然状态、浑浊状态。太极是德、是用。在无极状态下转太极、用太极，就是“无为之为”，其力量很大、很神奇。

6. 盘拳或推手，要注意“上下相随”，由脚底上劲，腰挂大闸，气达四梢。

2009年12月5日王老师家

王老师说：

1. 在传统武术中，双方交手通常用“打、摔、拿、放”四招。外家拳注重“打、摔”。太极拳是内家拳，注重用“拿”。“拿”不是拿筋骨，是拿劲路。

2. 在“打、摔、拿、放”这四招当中，通常有个说法，就是“打”人容易“摔”人难，“摔”人容易“拿”人难，“拿”人容易“放”人难，“放”人容易“定”人难。放人之前需要定，定最难。定，就是搭手即让对方拿不出劲来，使之无力可施，这就是拿劲路。杨健侯先师将手往他人身上轻轻一放，对方就觉得全身不得劲，进不行，退不得，前俯后仰，站立不稳，有顷刻跌倒之感，这就是定劲的威力。如果没有中定和化拿，就没有这个定劲，也就定不住人。

编者此日抄录的王老师悟拳手记：

于2009年11月25日所悟太极之劲。

1. 推手感悟。没有透空无为，就没有中定；没有中定，就没有虚无气势；没有虚无气势，就没有覆盖劲；没有覆盖劲，就不能使敌起根；敌不起根，就无法沾粘连随；不能沾粘连随，就不能引进落空。敌不起根、不落空，就不可能四两拨千斤。

中定越好，虚无气势就越浓，覆盖劲就越大，沾粘连随就越好，从而引、化、拿、发更妙，进而达到无坚不摧。

2. 练拳感悟。①浑元劲，行于手心（劳宫穴），由起势到收势，那点沉劲总不断。②落脚劲不断，涌泉穴有沉涨感，这就有中定。要“悟”，细细地悟。③练拳一起势，就有周身气筒的感觉，这个感觉一直保持到底。总之，意念跟着感觉走。要“悟”，细细地悟。④松无底、静无底、细无底。所谓细，就是悟得细，劲细。“细”最难，要细细地悟拳如何合道，拳练一生，细细地悟一生。通常讲，艺无止境。拳练一生不合道者，比比皆是。路子走对了，苦练一生，有所成就就不错了。要想练到一个时代的拳艺顶峰，需有大悟、大功、大德、大造化，这样的人百年出不了一个，几百年来只出了一个杨无敌（杨露禅）。

为什么要细呢？因为差之毫厘，谬以千里。所以，要静静地、细细地醉在拳里，细细地找“道”，找美好的感觉。练拳美，推手也美，要意念跟着感觉走。这样，你脑子就不开小差。打拳或推手找到美的感觉，那既是练浑元气的感觉，又是精神上的美好享受。练拳得道者，一生练在其中、悟在其中、美在其中、乐在其中。

王志远

2009年12月7日王老师家

此日抄录的王老师悟拳手记：

何为无极？无形无相，全体透空，空洞无物，一无所有，乃为无极。何为太极？兆将萌动为太极。生生不息，阴阳合一，变化万千，无坚不摧，乃为太极。

概言无极而太极：无极无底洞，万物空空融。太极兆将萌，动则泰山崩，翻江倒海龙卷风，惊弹冷炸无为中。

2009年12月11日王老师家

王老师说：

1. 所有内家拳都是练内劲，用内劲。太极拳是在内劲的基础上用引、化、拿，再加神，一动就神形合一，这就是太极劲。即内劲+引、化、拿+神=太极劲。

2. 如何用太极劲？如果开始就想抢先打人或防人，那么，劲都在手上，就是硬劲、僵劲。而只有先什么都不想，全身自然放松，动则如鳄鱼扑食全身整体动，周身一家，神形合一，内劲加神和引、化、拿、发齐用。整个用劲过程，是由风平浪静到翻江倒海，由无极到太极。所以说，无为之为是真为，拳无拳，意无意，无意之意是真意。

3. 太极发劲有三个关键点：①手与臂是电线；②腰是大闸；③脚是发电厂。只有从脚底上劲，将腰拉上大闸，才能通过手、臂这根导线由接触点发到对方身上。如拳论所言“上下相随，上下贯通”。

编者此日抄录的王老师悟拳手记：

于2009年12月9日所悟。

有一句名言：“练就千斤力，只费四两功”。

我理解，练就千斤力是内劲，不是僵劲。在实战中，也不一定真要千斤才行，我看有百八十斤内劲也足够用的了。这内劲是太极拳的功，有了功，还得有术，才能将内劲用好。比如将白面做成馒头、大饼、面条等食品，这里的面是食品原料，好似太极拳的功。有了原料，还需具备做各种食品的技艺，这个技艺，就是太极拳的术。所以，“武术”两个字，包含功与用功之术。这个术，就是方法与技巧。练出了大功夫，要靠技巧去运用。太极劲的用法，不是打劲头，就是打劲尾。对方千斤力刚出个头，我就与其阴阳合一截之，此为打劲头。对方劲已发出，我将其劲力引进落空后再放之，此为打劲尾。这样，我通过太极的功与术，以小力克了对方的大力，就叫“练就千斤力，只费四两功”。打劲头是截劲，打劲尾用的是引进落空合即出之劲。

2009年12月14日王老师家

王老师说：

1. 关于引进落空，是接对方之力后，顺其力以半个圈（圈分大、小、无形）引化之，这个过程是化其力，有引有化，是阴阳合一。引化适当，敌力落空，对方感觉失重，无力可施。如果不管对方的来力大小和走向而自动划圈，就不是太极的引进落空。因为离开了对方，听不到其劲力，就没有阴阳合一，也没有引化，更不能借对方之力。另外，若引过头了，对方就会变被动为主动，反借你引化之力而击之。总之，引进落空必须与对方劲阴阳合一，既不能顶又不能离，无过不及。

2. 再说一下打劲头打劲尾。打劲头，就如同对方刚启动机器时我即打之，使其发动机启动不开；打劲尾，则如同对方的机器已发动跑起来了，在其跑的过程中，我将其力泄完了再打之。

3. 太极讲"立不摆架"。因为，有架就有形有相，有形有相就无太极。所以说，有形有相全是假，拳到无心方为真。

4. 太极劲力由脊发。即起自于丹田，下行经会阴→命门→脊柱，布于两手臂，达于接触点。

5. 太极都是圆。比如，你引进落空用了个圈，我化掉你的力还要用圈，双方互相用圈引、化、拿、发。

6. 打拳，是抻筋拔骨。如揽雀尾的挤，挤到位后再将手臂向外展，意拉后脊骨；捋到位后的转换，则是腰椎的抻拉等。

2009年12月17日王老师家

向王老师请教两个问题：一是关于练拳的方向；二是什么是"双重"。

王老师说：

1. 我提倡盘拳起势应面向南或东，这样人体与方向是阴阳合一。

2. 我对"双重"的理解表现在推手上，互相顶劲为"双重"。表现在盘拳架上，两脚与地面太实，没有往地里渗、往下扎入的感觉，就是"双重"。如弓步时，前腿为实，但若前脚与地面相接太硬，或有"杠脚"之感，则为"双重"。若有脚往下渗或下扎入地的感觉则为"双沉"。因为没有往下渗、下扎入地的感觉，那说明脚太硬，不松软，没有中定。

另外，还有"双轻"与"双浮"的区别。"双轻"有根，如放风筝或带线的气球轻而有根；而“双浮”则没有根，如气球无根就会飘得无影无踪。

2009年12月26日王老师家

王老师说：

1. 擎引松放是一个圈。其中，擎引用半个圈，松放用半个圈。擎引后，全身放松带动手臂松，然后加以缠丝劲，即为放。

2. 太极劲有三种形式：①像盘拳那样放松，这样虽不接触对方，而通过皮毛自然透出的气就使人起根，劲整且气感强的能感知到。②双方互相接手，我以丹田鼓荡加神、意、气齐发，似闪电一样打人。此劲适用于实战，劲整者感知很明显，对劲散、气感不敏锐者，若打到其身体上受力更重。③在接触对方时，用内劲打人。

3. 马长勋老师给我写下内功修为三句话：“天地无涯为窍，一念不起为功，空洞无为为法”。我对这三句话的理解是：第一句，讲天是刚，地是柔。对方或以迅雷不及掩耳之势，或以柔劲摸来，但总感到摸不着边，似捕风捉影，这是太极的诀窍；第二句，强调临敌时什么都不想，敌方觉察不到我之意图，这是太极的基本功；第三句，指立不摆架，保持无形、无意、无为的状态，使对方“看”不到我，心里发虚，这是太极的法则。

4. 太极拳每个式子的定势都要有“阳极”。如左搂膝拗步定势，右掌在前按之后全身稍往下一沉，同时意念集中到按掌劳宫穴并略有外突之感，此为“阳极”。若意气敏感者站在前面，对方就能感知到向前发的内气。在“阳极”之后，便向“阴”转。

2010年1月4日王老师家

王老师说：

1. 中定是基础，神意是关键。只有中定厚实了，且会用神意了，才能透出虚无气势。虚无气势既能感染人，又能覆盖人，使敌拿不出劲来，这就是覆盖劲。

2. 要注意生活中练太极。如在日常生活、工作中，时时想着全身放松，找松沉的感觉等。

2010年1月30日王老师家

王老师说：

1. 无论是盘架子还是推手，都是练“肌肉若一”，就是周身一家，上下紧凑协调，全身如同一块肌肉一样，细胞拉细胞，一动无有不动。练到这个阶段，自我感觉会明显不一样，如手臂和腿脚胀乎乎、沉甸甸的，很好受。要达到这种状态，主要靠松，松是唯一的途径。因为，松得越好，透得就越好，体内的浑元气透到体外，就有了虚无气势，就能周身一家。

2. 我认为，气的运行过程是先气沉丹田，灌满了丹田，再由丹田经过尾闾、命门、夹脊向全身运气，这种状态发劲，便能意到、气到、劲到。

2010年2月18日王老师家

王老师说：

1. 我透空无为，对方来推我，我自然一“合”，对方会感到既软绵绵的，又推不动，而自己却起了根。这就是杨澄甫所讲绵里裹铁的太极劲。

2. 天人合一、阴阳合一、神形合一，这是太极的高境界。

2010年3月1日王老师家

王老师说：

李雅轩大师讲过，不管开展与紧凑，千万不可离太极。我理解这句话的意思是，不论你用什么形式来应对外力，都离不开太极这个根本，若离开了这个根本，那就什么事也办不成了。我认为，这里指的“太极”，就是透空无为，阴阳合一。

编者此日抄录的王老师早年的悟拳手记（写在一本书的拳照旁）：

1. 太极以空无为本，贵在精神。

2. 气宜鼓荡，神宜内敛。概括以上两点，即为透空无为、神形合一、丹田鼓荡。

透空无为，心与意合，意与气合，此时全身上下大气贯通，神不外露。在云雾蒙蒙中以神观敌，若敌欲动，吾即“合”之，并神形合一鼓荡丹田发劲，此为“贵在精神，气宜鼓荡”。

2010年3月4日王老师家

王老师说：

1. 我经过多年体验，感觉在盘拳或推手中不宜讲话太多，否则易泻元气。据说太极大师杨澄甫、王子英练拳或推手都是很少讲话的。我与刘晚苍老师推手时，他讲话也很少。过去，我一直没太在意这一点，你们每次来这里推手，走了以后，自我感觉脑子很累，像今天下午话讲得少了，感觉就好多了。

2. 杨班侯先师在《乱环诀》中讲："乱环术法最难通，上下随合妙无穷。陷敌深入乱环内，四两千斤着法成。"我体会，其中上下随合妙无穷，就是中定内气上下贯通。只有中定，有阴阳合一，才能四两拨千斤。

3. 古人言："千古一日一阴阳"。我认为，太极就是阴阳的转换，也是刚柔的转换。刚是粘，即发劲；柔是沾，即空劲。该刚则刚，该柔则柔，据情把握。

王云龙

2010年3月23日王老师家

王老师说：

1. 练拳就是积蓄浑元气。

2. 中定越好，听劲越细。

2010年3月28日王老师家

王老师说：

钱老（北京师范大学钱育才教授）讲："太极拳不是技巧，是功夫。"他讲得很对，太极拳练出来的功夫是内劲、浑元气、神意等，而外家拳练的是力量、速度和招式。

2010年4月1日王老师家

王老师说：

1. 太极拳的功夫怎么样，关键在于能否澄心定性。澄心定性很重要，在练习推手时，有的学生常常丢中定、丢内劲，就是澄心定性不够。

2. 太极到了高级阶段，主要是神意发劲。

3. 太极以柔化见长。

4. 在练拳过程中，通过自然松静将自己与天之气、地之气融合在一起，不知手之舞之、足之蹈之，飘飘然，天地人合一。我认为，练拳就是练“天人合一”，用拳则是“阴阳合一”“神形合一”。

2010年4月3日王老师家

王老师说：

1. “离沾粘”这个词，我是在北京刘晚苍老师那里第一次听到的。有一次，刘老与我推手，他的手还没接触我，我就起根了。刘老说这是“离沾粘”，现在没有人练这个了。

2. 中定是太极之灵魂，没有中定，其他什么都不管用。

3. 太极拳功夫最基本的是中定，最核心的是透空无为、虚无气势。有了以上两点，加上引、化、拿、发，就得到了太极拳的真东西。虚无气势越好，引、化、拿、发就越妙，就能一把钥匙开一万把锁。实践证明，练到这种程度的确很难。杨式太极拳师祖杨露禅，太极大家孙禄堂、杨澄甫及后期的太极名师石明、杨禹廷、王子英等都是这样的高手。但是对那些走不对路的练习者来说，他们既体会不到其中的奥妙，也练不出这样的手，正如拳论所述：“差之毫厘，谬以千里”。

2010年4月16日王老师家

王老师说：

1. 形意、八卦、太极拳练的都是内气，用的也是内气。这个内气练好了，内劲就足，虚无气势就好。

2. 太极劲的特点是一动无有不动，细胞连细胞，节节贯串，上下相随，手上的劲都由脚底上来。

3. 要克来者之力，不是用本身的力，而是通过引、化、拿、发的“机势”，化对方之力，使彼力还彼身。

2010年4月20日王老师家

王老师说：

1. 太极拳的“引、化、拿、发”，据说是杨式太极拳老前辈总结发明的。

2. 太极图黑白分阴阳。我认为，图中黑白之间的中线既体现了阴阳合一，又代表着太极的中定。在敌我双方较量中，就是通过阴阳转换找“鱼眼”。谁找准了“鱼眼”，谁便将对方“拿”住，就能放人，克大力。因为找准了“鱼眼”，对方就“起根”了。如果找不到“鱼眼”，就“拿”不住对方。

3. 先化、再拿、后鼓荡就能发人。这里的“化、拿”，就是找“鱼眼”。没有“化、拿”，就找不到“鱼眼”；没有“鱼眼”，就发不了人。

4. 我认为这“鱼眼”最难找，《乱环诀》讲“陷敌深入乱环内，四两千斤着法成”。我体会着如果能拿住了“鱼眼”，那就控制了对方的劲路。

5.“气宜鼓荡，神宜内敛”。我体会就是神不外露，藏在里面先拿住人，再作鼓荡之气发放人。这个过程，是由中定找“鱼眼”，找准“鱼眼”再发人，是无为之为，是由无极变太极。这个过程，中定是基础，找准“鱼眼”是关键，鼓荡内气发人是结果。

6. 练拳的起势，“先落（即先沉）、再起”，是完整的起势动作。太极拳的每个式子，都有“一落一起”，用于实战就是先“合”后发。

7. 发劲不是用肢体向外抗对方，也不是用手去推对方，而是自身往一起“固”，即周身一家，完整一气，神形合一。

2010年4月27日王老师家

王老师说：

1. 真正的太极大师高明之处就在善于把握“阴阳变化”，其真功夫就在这一点上。

2. 中定是太极的功力。

3. 双方比试，关键靠“定”。定劲足了能覆盖人、能定住人；定住人，才能沾或粘。

4. 与人接手，什么时候都离不开一沉一起，即熊鹰合形。沉，有时是有意有形，有时是有意无形。这一沉一起，划了个圈，或大圈，或小圈，或无形圈。这一沉一起，与对方阴阳合一。

5. 我认为，太极功夫有三要素：①用好神意气。②做好“熊鹰合形”。③转好大气球。

6. 太极用时离不开手，但用手不想手。真正的太极高手，你接触他身体任何一个部位都能打人，所以说，太极全身是手，手非手。

7. 太极状态是心平气和，这样内气才流动。要做到在任何时候、任何情况下都能心平气和，唯一的方法是“磨炼”。

2010年5月22日王老师家

王老师说：

修练太极拳，什么时候练到像幼儿那样大松、大软、大空的状态，那就好了。因为那种状态，既没有争胜的想法，也没有外形架子，更没有拙力、硬力，而只有浑元劲。

2010年5月25日王老师家

王老师说：

1. 双方搭手，都是先找太极图中的“鱼眼”。找“鱼眼”，是动中找静。双方都在动，动为阳。如果谁在动中找到或保持了静，那就是“鱼眼”，这样就能拿住对方。谁的功力高，谁就会先找到“鱼眼”，从而控制对方。这种比喻很抽象，只有在实践中细细地体悟，才能逐渐明白。

2. 双方找劲，气不能顶，意不能顶，势也不能顶。

3. 所谓“上下相随人难进”，是指中定、大气上下贯通。上下相随是外形，上下相通是内气，平时练拳或推手，注意身体上下相随，就是练习内气上下贯通。

4. 习拳者，感觉打拳美，推手也美，这是因为身体中定，上下贯通，就会有舒服与美的感受。

2010年6月1日王老师家

王老师说：

1. 劲断意不断，意断神可接。拳论上的这句话说明意和神都很管用（王老师对一名徒弟用沾劲演示了意断神接的动作）。

2. 练拳时，刻意瞪大眼睛走每个动作招式，这样不利于练虚无气势。拳论讲神要内敛，练拳、推手都要注意神内敛。例如练拳走“云手”式时，随着腰转带手掌的移动，眼睛是云雾蒙蒙地视手而转，而不是虎视眈眈地盯着手掌。

3. 在与人推手时常犯“冒尖”之病，我认为有以下几个原因：一是合得不好，与对方顶了，意顶或劲顶；二是有想法了，胳膊变硬了（拙力）；三是化拿不好。

2010年7月9日王老师家

王老师说：

1. 怎样理解太极拳的功与术。我认为，中定、虚无气势是功，引、化、拿、发是术。没有中定，就没有虚无气势；没有虚无气势，就不能引、化、拿、发。实战中的引、化、拿、发，不是技巧，也不是用力，而是靠中定与虚无气势这个最基本的“功”。引、化、拿、发只是一个方法，用的是一个圈，引与化是半个圈，拿与发是半个圈，所谓妙手一着一太极。

2. 打拳，预备势要先入静，入静后找到感觉再起势。开立步这一动很难，向外开的腿是自然飘出去的，也是通过松腰胯后，腰胯之力带出去的，而不是直接用力将腿迈出去。

2010年7月11日王老师家

王老师说：

1. 太极拳有个重要原则是不争强好胜，是练拳养气，功成自胜。若不敌对方，则说明功力不够，尚需养气。气以直养而无害。

2. 打拳要打出千军万马，感觉很凝糊，如同拉枪大栓那样沉，又像抽丝连绵不断。练这种沉甸甸、丝相连又很凝糊的劲，要集中很浓很浓的意去练，每练都能有这种感觉，久之才能练出虚无气势。

3. 走“定劲”必须有中定，若没有中定，就没有虚无气势；没有虚无气势，就定不住人。

4. 发劲中，不论是用意打（无形），还是与对方接手发，都有引化和缠丝。其中，引化是“合”的过程，缠丝是在“合”后用螺旋劲跟进。

王云龙

2010年7月13日王老师家

王老师说：

1. “合”对方，一是神不能顶，不要用眼去盯对方；二是意不能顶，要通过听劲，感知对方的东西，若在上则击其下，若在左则击其右；三是劲不能顶，当接触对方来力时要松化好，不能用力去应对。

2. 要常想张三丰祖师讲的“筋骨松、皮毛攻”这句话，体悟其理，对练拳和推手都管用。

2010年7月19日王老师家

王老师说：

1. 练拳架，尽管肢体某部分在运动中处于相对不动状态，但外形不动里面要活。如同写字、画画，活了就有神韵。

2. 与人交手有两种情况：①在大多数情况下，要按照拳论“彼不动，已不动；彼欲动，已先动”这个原则去把握，尤其在本人的功力不能明显高于对方之时，更需要这样做。②若本人功力及虚无气势明显高于对方，则可在对方不动之时，先定住对方，然后发之。

3. 与人交手，若有“抢先”的意识，就很容易丢中定，变成硬劲。这里的“抢先”与前面讲的先“定”对方不是一个概念。“抢先”，是个人有了想法，有了攻击意识。“定”，是在个人没有任何想法的前提下，保持虚无状态而“定”对方。保持虚空，就能抓住机势，这很重要。当然，不抢先，但不能有惰气，有了惰气也不成。

2010年7月29日王老师家

王老师说：

1. 怎样为渗透合一？我体会，引化是渗透，缠丝是合一。

2. 真正的太极劲不怕对方用擒拿或摔跤之法，在对方动手擒拿抓我之时，我“合” 而松化使之起根，然后借力发放。

3. 练拳或推手，如同做馒头揉面，揉得越好，面的筋力就越大。要将太极内劲练得如同细胞拉细胞，整合在一起，贯串在一起。

2010年8月17日王老师家

王老师说：

1. 凡是正常人都有浑元气，亦称先天之气。不练太极拳的人，如果放松自然地站、行、坐，那也能透出浑元气来（当时，王老师在现场对一名从没练过太极拳的人测试了一下，也有中定）。练太极拳，是通过功法来挖掘人的这一潜能，不断地积累浑元气，让浑元气常态化。

2. 再谈谈关于推手中“合”的时机。什么时候“合”对方为好，很难用语言说清楚，是靠个人的灵感自然“合”，即感觉合适就“合”。若先有想法、有准备，就会不自觉地去“迎”对方，这是“自动”，容易暴露自己，被对方看到。如果“合”得迟了，对方的神、意、气进来了，“吃”着你了，那就被动了。

3. 与对方双手臂相叉交手，可采用三种方式走劲：①与对方保持平衡，然后先松化，根据对方的力点、力向，我将一侧扔掉，使对方顷刻失去平衡而跟进向我身侧后倒去。②用颤抖劲。即在与对方相持不下且对方不主动、不给劲时，我用神意一抖，使对方惊而变硬，然后我以轴承劲转体向一侧发之。③神、意渗透到对方身后，吃住对方，然后意从对方背后将其向我一侧掀过来，与对方交叉的手臂松得愈好，对方会感觉受力愈大。

2010年9月19日王老师家

王老师说：

“三个合一”，是中乘以上的功夫才能做到的。其中，“阴阳合一”很关键，是化拿对方；“神形合一”是用于发劲；而“天人合一”是练拳的最佳状态。

2010年9月26日王老师家

王老师说：

1. 双方交手，对方搭手想退走，我则需保持松透与其“合”之（化、拿），此谓不丢。若对方主动出击，我则保持虚无状态松化其来力，此谓不顶。

2. 太极重劲不重着，重意不重劲。拳论讲，由着熟到懂劲，再由懂劲到阶及神明，就是指太极拳练习功力的过程，练至最高阶段，就是神意气。神意气加内劲则无坚不摧。

2010年10月24日龙口市华龙酒店

北京太极拳名家马长勋与其子马骏，应邀来龙口参加龙口市太极拳协会成立暨全体会员代表会议，马长勋老师被第1届市协会聘任为名誉主席。

是日，王云龙老师带领部分学生与马长勋老师等一行切磋太极拳。

王老师讲：“练拳是意念跟着感觉走。”

马老师讲："攀岩时，若能全忘掉自己，进入无为状态，就会感觉似有人在一旁教给你怎样攀，这是个真实的现象。"

王老师说："我与学生做过这样一个练习，一人（对气比较敏感）蹲在地上，另一人站着将双手心朝下放在对方的头顶，若站着的人什么都不想，无意无为，这时，蹲在地上的那个人会感觉有一股无形的力量罩在头顶上，想站却站不起来。但站者稍有一点儿想法，就罩不住对方了。这说明，人在透空、无为、中定状态，会自然产生一种能量，而且这种能量具有穿透力，即便在两者的手与头之间放一个物体（木板、铁板、盛水的塑料盆等），也不影响其穿透覆盖力。"（编者在现场由王老师指导，站着用双手分别罩过宋深厚、刘其刚、徐强等人，他们都能感应到一种很大的力量。）

王老师讲："静坐、练拳、推手，自我感觉很美。体悟到这种美，是一种享受，任何东西都代替不了。"

马老师讲："世界上没有哪一种运动像太极拳这样常练常新，就是那么几十个动作，天天练、年年练，总是很有兴趣，不感到厌烦，而且越练越有滋味，越练越感觉奥妙无穷。"

2010年10月31日王老师家

王老师说：

站桩、静坐、练拳，都是修练太极内功的基本方法，其中练拳是集站桩、静坐、拳架于一体，动中有静，静中有动，是修练内功的最好形式。

2010年11月14日龙口市老干部活动中心会议室

在市太极拳协会理事会第二次会议上，王云龙主席讲太极。

1. 太极就是阴阳相合。社会阴阳相合是和谐，人体阴阳相合不得病。拳论讲"无过不及"，实际上不论什么事情，"过"了都不好。

2. 拳要慢慢练，练浑元气。人生下来就有浑元气。通过练拳，将先天的浑元气调动起来，越练越足，练得全身都有浑元气，能强健身体，是养生的好方法，这是老祖宗留给我们的宝贝。

3. 太极，动之则分，静之则合。太极图中那条中线就是阴阳相合。

4. 太极有三个发劲：一是截劲；二是引进落空。引进落空的核心是不即不离，也是无过不及。无过不及是老子讲的，是个道。"引"，是功夫，引好了对方失重，腰胯就是炮台，一松腰胯将人发出去；三是擎引松放。这一招是武式太极拳提出来的。擎起来了，然后就“松”，一“松”内气就通了，对方就被放出去了。

2011年2月22日龙口市太极拳协会办公室

在市太极拳协会办公室，山东省武术院高淑芹主任等一行来龙口考察全省第10届武术太极拳锦标赛筹备之事。在会前，王云龙老师说拳。

王老师说：

最近，我看了大成拳的书，书中讲到“争力”。我认为，太极拳也有“争力”，如走拳架的起势，双手臂上掤之时，感觉双手心有下坠之力；双手臂下落时，又感到双手背面有上拉之力，这就是“争力”。我体会，拳中有了“争力”，上下就通，就有气感。

云龙阁

2011年2月24日龙口市东润宾馆

与宋深厚、王东、王广涛、邹志波、邓涛等在东润宾馆练拳推手，王老师现场指导。

今天，在王老师的指导下，我练习一遍吴式太极拳83式拳架，在每式的节点处留意松腰，王老师说，拳架中都有中定。练拳后与邹志波推手，走发劲与空劲都较自然。

王老师说：

1. 在实战中，走发劲有三种形式：①引进落空；②截劲（即截打）；③擎引松放。其中，引进落空分大圈、小圈、无形圈。截劲走的是无形圈，是在接触点松化。

2. 我认为，在太极拳架中，“争力”无处不在，有“争力”才有太极。

3. 要保持自然状态，常常地把心平静下来，然后由上而下地松体，从骨头里面向外松，这样能养内气练中定。

2011年3月5日龙口市东润宾馆

与吕孝丁、李绍臣、邹伟、张晓博、宋深厚、邹志波、王健、王东等在东润宾馆练拳推手，王老师在场指导。

在王老师的示范指导下，我用野马分鬃之式发宋深厚，第一次演示，宋深厚说没有感觉，并说："你还挂记我。"第二次，在发之前瞬间丢下任何东西，继而走野马分鬃之式，宋深厚被打出去，接着又发了几个，仍然奏效。通过这次练习体会到，发劲之前必须全丢下对方，将念头掉干净，在发劲前处于无意无念状态，这样才能发出太极劲来。

王老师说：

1. 练拳与推手，其形式和作用是不一样的。练拳时，动作是缓慢的，身体是松透的，心是静的。所以，练拳养气。推手或与人交手时，动作是快的，身体是松沉的，意是浓的，而且意越浓、劲越大。所以，发劲耗气。

2. 对太极拳，我既没有发明，也没有创新，只是通过日常练拳、悟拳，去一点一点地理解、消化老祖宗留下来的东西。我大半生以来，一直是围绕先师们讲的东西学拳悟拳。

如一，老子讲过，"无为无不为，无为之为是真为"。我理解这句话，只有把心性修到无为，才能做到无不为。修练太极拳就是这样，无为是有为之前提，是基本功。只有无为，才有真为，这才是太极。

如二，太极祖师张三丰讲过，"筋骨松，皮毛攻，节节贯串，虚灵在中"。在遇到对手时，首先想筋骨松。人体的核心就是筋骨，筋骨都松透了，全身自然上下贯通，就有虚灵之气，也就安好了发人的炮台。发人时，想皮毛攻。是皮毛攻，不是力，更不是用手或肢体其他部位去打人，是由下而上的内气和太极整劲。若不是想皮毛攻，而是想用力、想用肢体攻击对方，那样全身瞬间就变硬了，这样用的是拙力、僵力。

如三，形意拳大师郭云深讲："有形有意都是假，拳到无心方见奇。"我体会，不论打拳，还是推手（包括实战），都不能有形有意，不能拉架子。无心才能无意，无意才能无形。无意、无形才能全体透空，上下贯通。保持这种状态，就是虚无气势，就能自然"合"对方，就会应物自然地应对一切。

如四，资深道家李道子讲过，"无形无相，全体透空，应物自然，西山悬磬"。这位大师所讲的，也是只有做到无形无意，才能全体透空。只有全体透空，才能应物自然。

2011年4月15日龙口市老干部活动中心

与青岛牟林和李绍臣、张云峰、姜国良、邹志波等在市老干部活动中心，王老师在场指导。

王老师说：

1. 腰是关键点，推手、练拳都必须松好腰。①在推手时，对方来了，须松腰“合”之。②在练拳时，拳中每个式子，都是从无极到太极的转换，定势时刹那间的松腰，便由无极转太极，发出意气即打人（在现场与邹志波等人推手，验证了王老师此说）。

2. 所谓“太极重劲不重着，重意不重劲”之说，我理解，用“着”是初级阶段，懂“劲”就上了较高层次，重“意”则进入了更高阶段。

2011年7月6日王老师家

在王老师家，宋深厚、王东、王广涛、邹志波等在场练习。

王老师说：

1. 练拳、站桩、打坐等，尽管形式不一样，但都是练浑元气。

2. 我也练过打坐，主要体会如下：静下心来，把各种意念和杂念像驱赶“魔”一样丢净。到一定阶段，闭着眼睛会感觉到眉宇间发亮光，通常说是开了天目。再静坐下去，进而感觉整个身体变“空”了，头似纸头，身似纸人，此时，全身有飘飘欲仙的感觉，特别舒服，养气又养神。

2011年7月16日龙口市东润宾馆

与吕孝丁、李绍臣、王雨龙、邹伟、战庆玲、王东等在东润宾馆练习，王老师在场指导。

王老师说：

与人交手，要先松腰，使腰全下去，再由脚底返上东西来打对方，这个过程是瞬间完成的。杨健侯先师说，胜败在于一个“合”字。我认为，这个“合”，就是用腰去“合”。但要做到无过不及，“合”早了不行，“合”晚了也不行。所谓因敌变化示神奇，就是“合”的时机抓得准，恰到好处。一位先师讲过，“任君开展与紧凑，千万不可离太极”。这一点很重要，在与对方交手时，不管情况怎样变化，都要按照太极之理去阴阳合一。阴阳相济，方为懂劲。做到阴阳合一了，才是太极，才能“四两拨千斤”。太极拳是个“道”，绝不是力气活。

2011年8月13日龙口市老干部活动中心办公室

王老师说：

1. 老子讲的无过不及，从太极拳理上理解这“无过不及”，就是不即不离，就是不丢不顶，就是沾粘连随。

老子还讲“无为无不为”，用到太极拳上，这个“无为”就是无极，这个“无不为”就是太极。由“无为”产生的“为”，由“无极”转化的“太极”，其能量很大，威力很大。

2. 拳论讲：“动之则分，静之则合。”我理解，阴阳在无极中藏。动为太极，太极生阴阳。

2011年8月19日王老师家

王老师说：

1. 练拳、推手都是养气。推手可检验练拳的水平，练拳可提高推手的水平。

2. 人在“松、通、空”的状态，就是无极状态。“松”是周身松透；“通”是全身上下贯通；“空”是脑子“空”，没有任何挂记。人体在无极状态是个混沌体，好似一个不分阴阳的气筒。你练拳推手时要做到“松、通、空”，日常的坐、立、行也要留意“松、通、空”。特别要注意松腰，因为腰处在人体中间，连接上与下，所以腰的状态很重要，如王宗岳在《十三势歌》中所讲“刻刻留心在腰间”。

3. 你若处在无极状态，有气感的人刚想打你，他便会感觉到自己“起根”；如果他已打到你身上，你在瞬间周身一家由内向外鼓荡，无极变太极，就会将对方打出去（在现场，王老师与我就以上所谈观点进行了测试验证）。

4. 在几年前，我给绍臣和云峰讲过一个劲，①双方搭手，对方刚动，就与对方“合”起来，然后借对方的力走之。②双方搭手，对方不给劲，要先给对方一点力，然后借其反力走之。

经过近几年的摸索，我认为，与对方搭手时先“问”一下劲再走，容易被对方将你“问”时发的劲拿住并借力，特别是对付大力者就不容易走好。应该是一搭手就“吃”住对方，使之“起根”，这样对方就没有动手机会了。

2011年8月30日王老师家

王老师说：

1. 保持中定常态化，净心、松腰很重要。

2. 关于杨式传抄老谱中《太极空结挫揉论》一文所论“挫”与“揉”。我认为，与人交手，“挫”与“揉”均须把握好两个环节：一是全体透空。透空了（什么都不想）才能保持无极状态；二是阴阳合一。在对方刚动之时合之。这样阴阳合一了，使对方“起根”拿不出劲来，然后通过“缠丝”拿住对方后挫之。

2011年9月15日王老师家

王老师说：

1. 我体会，发劲中用的“引、化、拿、发”，可以具体解释为“引合、松化、缠拿、整发”。其中“引合”最难，它需要因敌变化来“引合”。只要“引合”好了，使对方进了你的圈圈内就好办了。对方刚动你就“合”，只要与他“合”上，他就完蛋了。但这个“合”，离不开无极，只有练到了，才能“合”好，才有威力。“合”的前提是全体透空，无形无相。要做到这一点，必须在心态上保持临敌如绣女，温和文雅，不敌视，不紧张，不准备，只要对方一出手就“合”起来。做到了“全体透空，无形无相”，便处于无极状态，有了无极才有太极。比如，练太极拳的预备势状态就是无极，此时他人侵袭，便由无极变太极，则对方被打。拳论讲的“透空无为中定安”，我理解这个“透空无为”，就是什么都没有；这个“中定”，就是无极状态。在无极状态下，对方一出手，我必“意占先”与其阴阳合一，对方就进入我的圈圈内，随之一触即发。如果做不到透空无为，就进入不了无极状态，也就没有了中定，这样就会有形有相，对方便能看见。所以，拳论讲“不管开展与紧凑，千万不可离太极”。我们要照着这个“道”无限止地走下去。

2. 汪永泉大师讲过，走太极劲就是“转气球”。我体会，这个“转气球”的说法很有道理，也很管用。

3. 在推手练习中，用神意气发人，必须把握好松腰与全身鼓荡紧密结合，先“松”后“鼓”是一个圆，其中，“松”是半个圆，“鼓”是半个圆。

4. 在练拳架时，要把握好以下几点：①打拳时，只要全身有暖融融、胀乎乎的感觉，那是上下相通了，就练对了。②通过练拳，将后天的东西丢得越彻底，得到的东西就越好。这一点，做起来很难，丢得干干净净很不容易，我做得也不好。在实践中，逐渐丢得多一些，自我感觉就会不一样，当练得什么都没有了，像一名先师讲“把自己练没了”，那你练的东西就很纯了。③练拳架时“迈步如猫行”，抬脚是用腰劲拔，意将渗在地下或被粘吮在地面上的脚拔起来；落脚时如同踩薄冰，有试探之意，前脚下落未触地面之前有稍停半秒之感觉。仿照猫走路那样来练拳架，有利于练中定，练神形合一。④练拳架要能“拉”出东西来。李雅轩大师讲过，练拳如同抽丝桃线；刘光斗大师讲过，手里总是胀乎乎的。我理解，不论这胀乎乎的东西，还是抽丝桃线，都是指练拳能拉出东西来，绝不是外形的东西，而是神与形、意与气合起来的东西。

以上所讲的是我几十年练拳悟拳的一点儿体会，可整理一下作为我们内部研究用。自古以来练太极拳的人很多很多，尽管都是照着王宗岳的《太极拳论》去练，但却是各走各的路，各有各的体会和感悟。

2011年9月18日王老师家

在王老师家，王雨龙、邹伟、宋深厚、王广涛等在场。

王老师说：

关于太极拳练“松”。张三丰祖师讲的是筋骨松；汪永泉大师将太极拳练“松”，比作向静水湾里投石块，水面被石块激起的泡泡（或称“浪花”）由水里向外一圈一圈地翻出来。我体会，这些讲法都是强调从人体里面向外“松”，从骨头里向外“松”，而不是由外向里“松”，由外向里“松”是松皮肉。

2011年9月24日龙口市老干部活动中心会议室

市老干部活动中心会议室，王老师在参加市太极拳协会理论小组会议时的讲话（根据记录整理）。

太极文化博大精深，表现在太极拳上很难学，它里面的东西奥妙无穷，往往倾注一生的精力能摸到点儿皮毛也就不错了。回顾自己习拳四十多年来，大体经历了以下过程：

（1）最早在与对方交手时，是靠抢先，主要靠反应快抢在对手前面，用的是太极内劲，但不是靠力气去推人。

（2）后来与人交手，是抢先加神意气。主要靠太极的基本东西，不摆架，不用力，用神形合一走在对方刚动之时。

（3）现在与人接手，主要靠“合”，与对方相合。“合”，关键是松腰。腰松下了，上下相通，气就上来了，对方便被“合”上，就“起根”了，也就使不出劲来了。前两个过程，有时走不好劲，云峰、绍臣他们都知道。现在，只要做到没有想法，立不摆架，松好腰，“合”好对方，就不容易与对方“顶”劲了。近三年来我所悟的、走的就是这个道，而且要继续照着这个道走下去。

太极拳是个“道”，是老子“无为无不为”思想的体现。

与“道”相反，就是“非道”。“非道”追求有为的东西，强调“着”（拳术、技巧），那又回到外家拳讲技巧、讲力量、讲速度的道上去了。

我认为，历史上的陈长兴往下传的是真太极拳。当年，陈长兴传给杨露禅的是太极拳，陈长兴的儿子陈耕耘往下传承的也是那种太极拳，从陈耕耘的徒孙姜容樵和姚馥春写的太极拳书来看，就是现在的所谓杨式太极拳。陈长兴把太极拳传给杨露禅，是对中国传统武术的巨大贡献。因为杨露禅不辱师命，把太极拳在京城传播开来，将陈长兴传承给他的太极拳发扬光大了。

现今，像马老师这样有太极真东西的人已经少之又少，可以说很少见了。所以，马老师希望我们在龙口发展，使真正的太极拳能够传承下去。

据说，上海有一位叫蔡松芳的现在闭门修练太极拳，还有位叫金仁林的，他俩都是叶大密的徒弟，传承的是真太极拳，建议你们有机会去拜访一下。

目前看，能练出太极真东西的人越来越少，我们不去听别人说是论非，自己练自己的，走自己的路，不张扬，下功夫悟好“道”，让太极拳的真东西传承下去。

2011年10月15日龙口市老干部活动中心

在市老干部活动中心一楼活动大厅，与张云峰等人，王老师在现场指导。

王老师说：

1. 关于对无极与太极的体悟。如对方在无极状态，没有动意打人，我若用意去“吃”（打）他，就会感觉自己“起根”、被打，在练习中用这种方法去体会什么是无极状态。在无极状态下遇有外力，即刻松腰鼓荡，这便是由无极变太极。这种状态，只有对内气敏感者才能感应到，平常人没有感觉。

2. 用太极劲走人，有两点需把握好：①机势。把握机势的核心是凭自我感应去“合”好对方，在时间上早一点或晚一点都不行。②劲力点。若对方来力在左，我则发向右；若对方是平直方向来力，我则稍错开一点，或向上或向下一点儿引化走。

2011年12月22日王老师家

王老师说：

1. 我认真看了《杨健侯秘传太极拳内功述真》这篇拳论文章，讲得非常好，是一篇绝佳无比的论文。

2. 太极拳不走直线、横线，是上下走。

2012年2月21日王老师家

今日，在王老师家我先分别与邹伟、邹志波练习推手。随后练了整套拳架，王老师讲：“每式拳架都有中定，能拉出东西来，很厚。”我在与邹志波推手时，能找到走空化劲的感觉。

王老师说：

1. 拳是大道，推手是小道。要会推手，就必须把拳练对、练好。你今天的拳架练得不错，能透出东西来，这就是自然劲，也是无极。有无极才有太极。北京的马老师讲过，你的拳练对了，外形上的拳式就是不对也对。如果练的拳里面没有东西，上下不贯通，那拳架式子就是很标准也不对。马老师所讲的道理，就是练拳必须练出东西来，拳架里有了东西，你怎么比画怎么是（拳）。所以说，不论谁能练对拳了，就可以编拳架套路。

2. 你今天不仅拳练对了，而且在推手感知自然劲中，明白了用劲什么是一、什么是二。“一”，就是太极的整劲，是从下面上来，周身一家；“二”，就是发劲时不自觉地用了二次动作。

2012年3月28日王老师家

王老师说：

1. 杨澄甫大师讲过，太极拳是绢里裹明珠。可见，练对了拳，得到拳，就得到了明珠，是无价之宝。什么名啊利啊，都不可比。当遇到烦心事时，一练拳就都放下了，丢掉了烦恼，得到了浑元气。

2. 练拳是绵里裹铁，发人是绵里出针。

3. 练拳犹如在空气中游泳，要能感觉到空气的阻力，尽管不用力，但能打出千军万马。

2012年5月12日王老师家

王老师说：

1. 修炼太极拳的路子走对了，要经历这样一个过程：从有（体内僵力）到无（减掉僵力）、从无到有（内劲、沉劲）、从有到无（内劲透出体外为虚无气势），最后是说有则有，说无则无，刚柔相济，这是太极拳的最高境界。

以上是我多年练拳的一点儿体会。

2. 最近，我学习张三丰讲的“筋骨松、皮毛攻”这句话，写了以下一点儿感悟：

筋骨松，是上下贯通人难侵，是松腰静胯，是气沉丹田，劲落涌泉，是“熊形”。

皮毛攻，是气达四梢，是腹内松静气腾然，是覆盖劲，是气透体外，是虚无气势，是“鹰形”。

总之，筋骨松、皮毛攻是熊鹰合形，是放劲。

2012年5月28日王老师家

王老师指导我练拳。练习后，王老师点评，开始练的几个式子不太通畅，疙疙瘩瘩的。重新起势后，整套拳架比较通畅，有中定，有沉劲。

我在与邓涛推手时，发劲空劲走得比较顺畅。

王老师说：

1. 我认为，太极阴阳图很科学，也很微妙，它揭示了一个大道理，包含着唯物辩证法，演绎出万事万物的客观规律。仅就太极拳来看，阴阳图那条中线，就是无极，是中定，练拳就练这条线。通过这条线，遇阴则找阴的鱼眼，遇阳则找阳的鱼眼。找到鱼眼，就由无极变太极。若找不到鱼眼，就变不成太极。要在无极状态下找鱼眼，不能争胜，不能有为，否则就丢了无极，便找不到鱼眼。尤其要舍己从人，不即不离，这样才能保持无极状态找鱼眼。如果说找鱼眼难，那不如说保持无极状态难。所以，无极状态很重要，练好太极图中这条中线很重要。

2. 练太极拳，大体要经过“松、通、空”三个阶段。第一阶段是练松，主要是“减法”，即减拙力，去僵劲。只有逐渐减净了拙力，丢掉了僵劲，才能“通”，即进入第二阶段。这第二阶段也可以说是“加法”，就是在全身松通的基础上，内在的沉劲越练越浓，练出千军万马，有拉不动枪栓的感觉。这个沉劲练厚实了，会逐渐地、自然地过渡到第三阶段，就是“空”。这个阶段主要是练“无”，久久练习，练出虚无气势，用则有，不用则藏。如李雅轩大师所讲“不动如泰山，动则泰山崩”。

3. 北京马长勋老师曾对我讲过，吴式太极拳有两位大师很有代表性，一是王子英的“大劲”，像一只老虎，很有威力；二是杨禹廷的“小劲”，劲很细。在这两位大师身上表现的劲特点很鲜明，堪称“两绝”。

2012年7月15日王老师家

与李绍臣、邹伟、王可军等在王老师家。

王老师说：

1. 现在社会上练拳的，真正符合拳论的少之又少，因为真正的太极拳难学又难练。

2. 练太极拳松腰很重要。张三丰祖师讲的“筋骨松、皮毛攻”特别好。我理解，筋骨松，关键是松好腰；皮毛攻，就是发人。松腰是引、化，走了半个圈，下半个圈就是拿、发。我有时脑子里一想这六个字，就会自然松下来。形意拳大师尚云祥讲，练形意拳不练劈拳，等于白练。我认为，他讲的劈拳，就是练“熊鹰合形”，也是引进落空。郑曼青大师讲过“涌泉无根腰无主，力学垂死终无补”，这也是讲腰的作用。以上三位名师都从不同角度讲腰的重要性。我把腰比作是大闸，拉上了大闸，上下就连起来了，就通了，就有太极的威力。像拳论讲的：“其根在脚，发于腿，主宰于腰，形于手指。”只要腰下去了，气就上来了。

2012年8月7日王老师家

王老师说：

1. 最近，我通过练拳感悟了一句话：“自然含胸松腰胯，完整一气鼓荡发。”这句话的重点是“自然”两个字。只有在自然状态下，意含胸，随之松腰，气沉下去了，再返上来就是发劲。胸不能自然含，腰就下不去。腰下不去，气就上不来，这样也发不走人。

2. 我体会，不管是走粘劲，还是走沾劲，都要在松化的基础上神领滚气球。

2012年8月22日王老师家

王老师说：

1. 一定要松好。松是为了通，通是为了空。练到全身没有一点儿力了才算“脱俗”。

2. 含胸松腰。将胸部的东西松到腰，再松到脚下。腰胯松好了，所有东西都落下去了，上下才能贯通，这样感觉心里不堵，很好受。我刚才试验了一下（王老师坐在椅子上试），胸内的东西松不下去，就觉着堵得慌；下去了，就好受了。正如王宗岳在《十三势歌》中所讲“腹内松静气腾然”，就是这么回事。

3. 一定要注意留心在日常生活中练太极，不论是坐、是站，还是走路，都要松好胸，松好腰胯。

2014年10月2日龙口市东润宾馆

在东润宾馆，云龙拳社组织交流活动。

王老师说：

我看了《以拳证道》这本书，可以说，这是本“天书”，是无价之宝。书中对太极阴阳之理讲得很透彻，特别是总结的太极拳道八纲，即阴、阳、动、静、虚、实、刚、柔，把太极拳的核心内容都讲到了。我读过许多太极拳方面的书，还没发现有人能把这些核心内容系统地写出来，而李光昭做到了，真是了不起！

二、盘拳

云龙师传授太极拳，历来重视盘拳架。他教学生拳架是一式一式地教，这一式学不好，就不教下一式。他常说："拳架里拉不出东西来，那是'自动'，还不如去做做广播体操呢。"他就是这样执着、较真，引领每个学生练内不练外，一丝不苟地遵循拳理盘拳架、练内功。

王云龙

2009年5月18日王老师家

王老师说：

虚步转实步时，意由实腿向虚腿渐渐灌气，使虚步逐渐实起来，感觉实脚向地里扎、涌泉穴发胀，这样用意念引导动作，思想就不开小差了，而且能练中定。

2009年6月1日王老师家

王老师说：

练拳架时转动形体，在开始阶段主要练松腰、松胯，以腰为轴转动身体，到后来能练到以尾闾为轴转体时，那就是更高层次的"尾闾转"。

2009年6月22日王老师家

王老师说：

1. 在太极拳的起势中体会"双沉"与"双重"。通过虚领顶劲、全身松空，使双脚与大地相接，似有渗透力向地里扎，我认为这个滋味就是双沉。"双重"与"双沉"不同，当两只脚实实在在地踩在地面上，没有下沉渗透之感，这就是"双重"。"双重"是太极拳的大忌。

2. 练完拳架收势时，要在静心、松心的基础上，再用意松肩、松胸、松肋、松腰、松胯、松膝、松踝，全都松到涌泉去，觉得全身像气筒子，暖融融的。结束后，用双掌搓搓头部、面部。

3. 盘拳时，腰转带臂动，腰不转臂不动，体会“一动无有不动”，这样来练习周身一家。双臂松沉没有一丝一毫的拙力，如同大象的鼻子那样松松的、沉沉的，练久了，就能练出“棉里裹铁”。练拳架容易犯的毛病是“自动”，“自动”就练不出来“绵里裹铁”。

2009年7月16日王老师家

王老师说：

根据你今天盘架子、推手的情况，今后要注意这样几点：①先松透，能感觉到全身暖乎乎的，当有了中定，盘架子才能进入状态，推手才能引化拿发。有了中定，用意念发劲才有效。若松不下来，就没有中定，这样用意念发劲也是硬劲，只有全松下来才行。②盘架子时腰、手等要同时动，如白鹤亮翅，其两臂、抬头等与腰同时做，若单独抬头仰面或者仰面太过，就是自动，就出现僵劲（在盘架子中王师现场测试证实）。③盘架子时腿、脚、手、胳膊等不能太直，如分脚、蹬脚等动作，太直就成了僵劲，要曲中求直。④“合劲”，用意念合，时机要恰当，要注意把握好。“发劲”，用意念发，而不是用胳膊的力量去推，稍加一点外力就“露头”了。力一露头，对方就会感知到，就不起根了，就会反抗。⑤用意念发劲的要点是动短、意长、劲远。

2009年10月12日王老师家

王老师说：

1. 盘拳是将全身练成一个整体，练得“肌肉若一”。推手发劲时周身一家、自然放松、意念集中。在实战中，接触对方肢体的瞬间就有化、有拿。

2. 关于“松”。人在生病时打针，肌肉放松才能打针，这说明身体紧张了就不行。在太极推手中，化要松，拿要松，发劲要松。若不松，则已劲就透不到彼方内里，就无法与其阴阳合一。太极的化与拿，化是化对方的劲，使对方劲落不实；拿是拿对方劲路。所以，身体不松就不能渗透合一，不能贯穿两极，也不能融汇一炉。

3. 我不提倡盘拳时脚的十趾抓地，因为我与学生推手、喂劲时只要十趾抓地就闭了气。我体会，脚的十趾一抓地，气就不通了，所以，我主张双脚铺在地上，脚有下沉扎地、涌泉穴沉胀的感觉。

4. 盘拳要有细胞拉细胞、“肌肉若一”的感觉，两臂有胀乎乎、沉甸甸的感觉，是全身整体运动，一动无有不动。

5. 中定劲就是自然劲。刘晚苍老师讲过，“瞎眼蒙”（学名牛虻）叮在毛驴身上，那毛驴身体一抖，“瞎眼蒙”立马就飞走了。这个抖劲，在太极里就是周身一家的中定劲。

6. 爆炸劲，是靠意念发的中定劲。

2009年10月27日王老师家

王老师说：

1. 有人说，练太极拳，人的下肢要实，腰部要活，上体要虚。我认为，应该是全身松活，周身一家，肌肉细胞拉细胞。

2. 太极拳练到一定功力，是一把钥匙开一万把锁，能应对不同的劲。

2009年11月13日王老师家

王老师说：

在盘拳或推手时，要注意以下几点：①下颌盖住喉头，眼睛向前、向下看六尺左右，目如垂帘。②要沉肩坠肘，不耸肩即为沉。③不挺胸，不弓背，胸有微含之意，一含胸则背自然拔起。④放松心与胸，继而使五脏六腑都松下来，气沉于小腹。气不上浮则自沉于丹田。所谓“裆开一线”，就是不夹裆，要圆裆，心气饱满。总之，要回到自然状态。⑤盘拳是练浑元气。⑥太极推手，用的都是一个圈。大圈、小圈、无形圈。先化，再发为一个圈。一落一起是一个圈，称为“熊鹰合形”，落是熊，起是鹰。如“引进落空”劲，走的就是一个圈。无形圈是用意划圈。吴式太极拳的特点是曲中求直。

2009年11月16日龙口市北海医院

到北海医院看望老师。

王老师说：

1. 盘拳时务必注意两点：一是周身一家，一动无有不动；二是不要拉架子，要没有形和相。

2. 练太极可修身养性，其好处终身受用。我的体会是：①享受一种美。练套拳架感觉很舒服，很美；当悟出一点儿拳理时感觉很美；内劲有了长进感觉很美；看到徒弟有了进步时感觉更美。②能想得开。练拳者如同修道人，对世事看得开，对死也看得开。生死都是自然现象，生也自然，死也自然。

2009年11月18日王老师家

王老师说：

练太极拳，不仅仅是打打拳、推推手，还要注意在日常生活中练。我每天虽然练拳不是很多，但每时每刻都留意太极状态。例如在迈步时，用腰胯带腿脚前行，似趟稀泥，有种沉重感，又如在水中行走；在落步时，似渗于粘泥中，用意慢行，但不是用意抬腿打弯迈步。注意模仿狗熊、大象走路的样子，它们起落步都是慢慢的、沉沉的。在盘拳架时也是这样去体会，如太极起势等动作，要细细地体会如同厚厚的稀泥那沉甸甸的感觉，这样练中定，长功力。

2009年12月9日王老师家

王老师说：

我觉得，只要你的腰上下连不起来，拳劲不是从脚底下上来，那你用多大力也不管用。我总结了这样一句话："腿似气筒足灌铅，双脚好像渗地间。"打拳时，腿松空的像气筒，脚胀乎乎的似灌铅，每式转换中实脚如同渗到地里，这样上下就通了，也就有了中定。

平时走步或站着，腿弯处不要挺得太直，不要倒打弯；坐着时，臀部为支点，身体与凳子保持一个整体，不挺胸、不凹胸，虚领顶劲，全松下来；躺着时，身体与床的触点为支点，注意保持心静体松。

介绍个简单的练功方法，单腿站立，另一条腿脚前后摆动，时间越长越好。

2009年12月28日王老师家

王老师说：

你以后练拳时，注意以下几个式子（针对当时编者在练拳中的几个动作缺陷而讲）：①由高探马式向分脚式转换过程中，不往后脚移重心，这样能保持丹田之气不浮。②在转换式子需转动脚时，原则不转脚尖，而是转脚跟来调整，这样能保持丹田之气不上浮。③做搂膝拗步，在向前做抛身时，前手掌找前脚尖，上身亦微转，继而用腰胯带动后脚向前抛，同时上身转正位。

2010年1月14日王老师家

王老师说：

1. 太极，以"空无"为本。只有"空无"，才能透出虚无气势。只有虚无气势，才能覆盖住硬劲或散劲，使对方起根、感觉不得势、发不出力。

2. 汪永泉大师讲过"打皮不打骨，要点不要面"，这个说法是对的。与敌交手，要打其一点而不要打面，若要面则两不变。

3. 应对松着过来找劲且搞突然袭击者，必须先什么都不想，在对方意动时即合而空之。其要点有二：一是无霸气；二是无惰气。既不拉架有形有相，又不涣散怠慢，适时合之，应物自然。

4. 练高探马式，上手要向前探一下，如同马头一样，转分脚之式要转腰向后平带，若手臂抬高了则丹田之气上浮，易失中定。

5. "老祖宗的规矩不能破"这是董英杰大师讲的一句话。因为，老祖宗立的这些规矩，反映了太极的基本规律。例如守住中线，就是一条很重要的规律。像以下几个拳式，就是要求守中线。①搂膝拗步前按之手要在中线，不能偏，偏则失中定。②前按手指不能高于鼻尖，臂不能高过肩，太高则失中定。③走云手式时，两只手分别向左、右运不过中线，若过了太偏，则失中定。④走分脚式时，手臂与腿上下相对应，也不能偏。

2010年3月9日王老师家

王老师说：

1. 太极讲中定、讲中正、讲气势。身形、手形等能直接影响有无中定、是否中正以及气势如何。如抱七星式，前手食指太弯曲或太直了，就影响内气的透出，手指舒展、指尖指向对方鼻子就有气感。

2. 对不够澄心定性的太极拳练习者来说，尽量少与外力或散劲者推手，因与散劲或大力者推手，容易互相“顶”劲，对方会破坏你的中定，不利于养手。杨禹廷老先生曾告诫自己的徒弟少到公园推手，大概也是这个意思。

王云龙

2010年6月10日王老师家

王老师说：

1. 练拳时，首先要松好腰胯，还要松好由虚转实的腿，并要周身一家，一动无有不动地练好每一个式子。这样练拳，在每个动作中都有中定，内气连绵不断，日久就练出功夫来了。

2. 我认为，练拳到了高级阶段，就能练出神形合一，虚无气势。没有神形合一，既发不出气来，也没有威力。像老虎、鳄鱼扑食就是神形合一的气势。

3. 克对方之力有两种情况：①在对方欲动之时，我沉而“合”之，即在对方欲动之时抓机势；②若对方已“合”上我，且劲也过来了，我须将其劲断开，使对方由“合”时能“看到”“摸到”我，又突然感到“看不到”“摸不着”，然后我再“合”而发之。这个“断开”，与走引进落空的劲不一样。

4. 我认为，身体局部发的力是直劲、僵劲、拙劲；在松沉的基础上，周身一家发出的力是内劲，整劲；内劲加神意气，就是虚无气势。虚无气势最难，是靠大松大软练出来的。形意、八卦等内家拳都讲虚无气势。据说，现在有的太极门派不讲虚无气势，只靠内劲克大力。

5. 丹田鼓荡，是全身整体鼓荡。鼓荡前必须什么都不想，即使接触对方肢体也不想，脑子空空的。当用时，则全身鼓荡发劲。

2010年6月12日王老师家

王老师说：

1. 在练拳架中有时丢了中定，多数原因是意念不集中，意断了，身体就僵了。练拳架时心要静、要净、要松，意不能散，这样全身松下来，内气才能流动起来。

2. 练拳架如同推手一样，不露神，不刻意拉架。否则，身体就松不好，有了外形气就滞。在练拳中要细细地体会，找全身上下通顺的感觉，两只脚与双手掌有胀乎乎的感觉，这样就对路了。

2010年6月17日王老师家

王老师说：

练拳架，关键要松下来，如倒撵猴式，向后撤步时，若承重腿（实腿）太硬，或落地时脚面太硬，就会影响气通，实腿就没有胀乎乎的感觉。向后撤步时，由腰胯带腿先起后落，随着起落，松开腰胯，实腿的膝关节及脚面都要松开，脚有下沉渗地之意。走一趟拳架，实腿始终有胀乎乎的感觉，这样上下才是通的，必有中定（这是针对编者当天练拳出现的问题讲的）。

2010年6月22日王老师家

针对我今天练拳架出现的问题，王老师就个别式子谈了如下意见。

王老师说：

1. 起势时，待两臂全落下来后再往下式转换。

2. 白鹤亮翅、搬拦捶等式子做得不到位，没有伸展开，没有气势。

3. 走海底针式时，你的右胳膊太硬了，这样气不通，要在下蹲时随左转腰自然放松。

4. 刚才你练的倒撵猴式，与上次练的相比，实腿松开了，上下气通了，主要原因是你的腰胯松开了。

5. 你开始练的架子后背比较死板，要注意松好后背，让全身活起来。

2010年6月30日王老师家

王老师说：

1. 打拳要自然，什么都不想，就是自然放松地走架子，每个式子里外都能连起来，上下能说上话，这就是拳论讲的上下相随。要练出沉劲，双臂及两腿有沉乎乎、胀乎乎的感觉。

2. 拳架不能呆板了，里外都要活起来，像写字那样活起来。今天你练的第一段（从“起势”到第一个“云手”后的“单鞭”），前半部分较死板，没有活起来，而后半部分通开了，也活了。

3. 太极拳太难练了，几十个式子天天练，常练常新。有的学生问我，到什么时候就算练好了，我说练拳无止境，是一辈子的事。全中国从古到今留下来的拳照中，最好的当属杨澄甫大师的拳架。

4. 练拳的最高境界是天人合一，用拳的最高境界是阴阳合一和神形合一。

5. 大道自然。太极拳越自然越好，自然就无形无相，如果加上后天的东西，那就有形有相，有形有相就不自然了，不自然就不是太极拳了。

2010年7月6日王老师家

王老师说：

1. 打拳，是细心雕刻拳艺的过程，是逐渐体悟拳理的过程，是不断积累内功的过程。

根据你刚才练的拳架，今后注意纠正以下几个动作：①在起势后的“揽雀尾”，你在右手后捋时左手是“死的”。打拳必须全身每个关节都参与运动，如拳论所言“一动无有不动”。②做白鹤亮翅式，其右手在右额上做俯身时，右手不要太“死”、太硬，右手死板，气就不通了。③每个拳式的“定势”都要做出来，不要急，没有“定势”就往下式转，好像人呼一口气没呼完在憋着气一样。④拳式转换过程中，意将实腿的内气向虚腿贯通流动，使之原实变虚，原虚变实，这就是脚下的阴阳转换。⑤练拳要连绵不断，无凹凸。若有凹凸，内气就间断了。⑥练拳时，要将自然放松贯串在拳架全过程。⑦练拳要打出松沉劲，打出千军万马，看似无力，实则内涵很浑厚，有千军万马的气势。还要打出抽丝桄线，连绵不断。

2. 今天你练习了走“定劲”，要注意以下几点：①大小劲都要从脚底上来，即松下腰胯，由脚底上劲。②把握好“斤对斤、两对两”。开始我以等“力”（此“力”特指内劲）接对方，当对方加力时，我则不是同样加力，而是再松，其来力越大，我则需要越松。松化后借力发之。只要松化好了，对方来力愈大，便被发得愈远。这里的要点是对方加力，我则再松、加意，千万不能加力。③有不少散劲者，当用“定劲”定住他后，他会继续反抗，或使用僵柔劲，或想逃走，此时，要在“定”的基础上，加神、意发之，不给其反抗的机会。若稍一迟疑，对方就会破坏我之“定劲”，或我稍用一点儿力，则会被对方作为拐棍抓住。

2010年7月24日王老师家

王老师说：

1. 今天，你打的拳不错，我看你打拳时全身上下都通了。拳打得好不好，特别是上下通不通，个人能感觉出来。只要通了，会感到全身暖融融、胀乎乎的，很好受。懂拳的人在旁边看着既流畅又整（周身一家），而且沉乎乎的，看着也很舒服，那就是好拳。

2. 李雅轩是一代名师，他曾讲过，太极拳练得不对路，就是僵劲、散劲、僵柔劲，真正的太极劲是松沉劲、轻灵劲。他讲得很好。我认为，还有一个不大好对付的劲叫沉散劲，有人练拳几十年，虽然劲不整，却能沉下去，下半身往下沉、上半身是松活的，这种劲没有中定，是靠又沉又散的劲对抗。要克这种劲，需用空无劲，即虚无气势、神形合一之劲。太极的好劲是松沉劲、松整劲、轻灵劲、空无劲。据说杨澄甫、孙禄堂等大师及后来的杨禹廷老先生，都会走空无劲。

3. 身体要中正，上体不能后仰、不能前倾。走定劲或发劲时，要一下吃透、吃住对方，全力以赴放劲。

4. 太极分内三合、外三合。内三合是心与意合、意与气合、气与力合。我体会着只要心与意合了，就会自然与气、力合上。外三合是肩与胯合、肘与膝合、手与足合。我看外三合就是一个字——“顺”，只要自我感觉上下很顺、很自然、很舒服就行了。

5. 生活中有太极。站立时，膝部不能挺直，又不能太弯。无过不及。直为过，太弯为不及，这样上下气不通。人，作为上承天、下接地的导线，若自体上下不通，天地之气就承接不起来。只有自身上下通了，才能上与天、下与地相承、相接、相通，这就是“天人合一”。

2010年8月31日王老师家

王老师说：

打拳，既要全身松，又要全身动，这样里外就活起来了。不论哪个式子，都不能只是局部去比划，局部动是“自动”，要使身体每个部位都能动。至于拳架的外形，大点儿或小点儿都行。有的拳架尽管外形小，看着不太伸展，但意在里面全身动，上下贯通，有中定，这拳就打对了。全身松、全身动，练的是虚无气势。

2010年10月1日王老师家

王老师说：

1. 练拳时四肢都不能太直了，要略微屈，曲中求直。如揽雀尾式，当向后捋到底时，前虚腿的膝部要保持微屈，这样利于气通。再是练拳不能摆架子，有形与相，那样肢体会变硬，影响全身气通。

2. 走空劲时，主要用意由脚底向上、向后转气球，意要浓，神形要整、扭得紧。

2010年10月31日龙口港岸边

在龙口港岸边，王老师指导我正拳架。

今天，我中定状态较好。先练了一段拳架，王老师看后讲，架子里都有中定，但个别动作还不太顺。

王老师说拳架（针对我盘拳中的问题而讲）：

1. 右揽雀尾式，挤势时，要将手臂伸展出去，划回来后，在挤前随着起身将手臂回到胸部再向前挤。回捋时，边后坐边将右手臂带回来，然后内扣右脚尖，随着左转腰将右手臂带到面前（东南向），然后向右转腰将右手臂展到西南向，再做单鞭式。

2. 搂膝拗步式的搂膝，左手要落至胯前膝旁，拇指尖略微朝下，其他四指指尖朝前。若拇指尖与其他指尖相平，内气则易上浮。

3. 抱虎归山式向右转身时，右手臂要像流水一样落下去，左手臂不能自动，应随着转腰胯自然提上来再向前按。

4. 单鞭式转肘底锤式，左腿逐渐变实，右脚逐渐变虚并调正，然后右腿实、左脚虚调正，再走倒卷肱式。

5. 斜飞式，两手抱掌向左前方送一下再分拉开。

6. 云手时，左手不要太僵，要放松自然。

7. 打拳时，五脏六腑都要归位，内气不能上浮，用意把内气沉在带脉之下，感到带脉两侧发胀。

2010年11月6日王老师家

与王雨龙、吕孝丁、李绍臣、张云峰、王国庆等在王老师家。

王老师说：

1. 打拳要照着拳论去打。打拳的目的是养气，每一个动作都要看内气通不通，只要内气能通，怎样练都行。反之，内气不通，练得再“漂亮”也不管用。如走搂膝拗步式时，搂膝之手的拇指与其他四指并行朝前，或五指指尖太直，或拇指尖过于朝下或朝内等，都影响气通。再如，你练拳时要注意沉肩坠肘，在每个动作中去体悟怎样才能让肩沉下来、肘坠下来，怎样才能内气上下贯通起来。

2. 与对方叉起手来，不论是接触一个点还是两个点，都要通过松化用意渗到接触点“吃住”对方，然后再走劲。

2010年11月20日王老师家

与吕孝丁、宋深厚、刘其刚等在王老师家。

王老师讲拳架（针对我练拳中的问题而讲）：

1. 做白鹤亮翅式时，双臂全落下来后再向下式转，不要双臂下落了一半就转下式。

2. 揽雀尾前挤时，左手掌搭在右腕上。随着右手后捋，左手掌反转向上护右手腕下（脉动处），呈阴阳掌。

3. 练拳时，要处处留意一动无有不动。

2010年11月29日王老师家

与吕孝丁在王老师家。

今天，王老师测试劲，我刚开始没有中定，经调整后有中定。停一会又没有了中定，再调整又恢复。看来，保持中定状态需要下很大功夫。

王老师讲拳架（针对我练拳架中的问题而讲）：

1. 练拳架身体要曲中求直，手掌与上体不能向后仰，即通常说的“倒打弯”，那样影响气通，丢中定。例如弓步时，上体略前倾，如同过去车夫拉平板车的样子。看杨澄甫先师40多岁后的拳架，就是吴鉴泉师祖讲的曲中求直架子。

2. 走倒卷肱式，手臂要以腰转来带动，不能自动。

3. 收势时，双臂交叉下落要与身体整体下沉同步。

2010年12月4日王老师家

与吕孝丁、李绍臣、刘其刚等在王老师家。

王老师说：

1. 怎样才能保持无极状态，使身体的中定常态化，我认为应注意以下几点：①站桩、练拳时，关键是松体静心，保持体内之气上下贯通。②与人对峙交锋时，心要静，保持心态平和，不能紧张。体要松，腰胯沉下去，落到脚底下，目的仍是保持体内之气上下贯通。③在日常工作与生活中留意提顶、含胸、松腰胯，时刻保持体内之气上下贯通。

2. 打拳要全身松透。如搂膝拗步的定势，前弓步是实的，但不能硬。搂膝拗步转换中，由后腿（原实腿）向前腿（原虚腿）“冲气”“压水”，要有“气冲膝”的感觉，有实腿灌满水从里向外撑的感觉，有膝是圆的感觉。前弓步膝尖不要超过前脚尖，拳架子不要太低，膝尖弓过了或者拳架太低，会影响气通。

2010年12月10日王老师家

与吕孝丁在王老师家。

今天，我的中定状态较好，练完第一段落的拳架一直保持有中定（王老师评语），这是过去不曾有的状态。

王老师说：

要气沉丹田，不论是练拳还是在日常中，都要留意把内气沉在带脉以下，不要上浮，这样才能保持中定状态。

2010年12月26日王老师家

与吕孝丁在王老师家，王老师指导我正拳架。

王老师说：

1. 走搂膝拗步式，前弓步的膝盖若稍向前倾过一点儿，内气就不通了。弓步时，膝的曲度要适中，这叫气纵之于膝。实际上，练拳架时身体的每个部位都要适中，不能过。拳论上讲的中正安舒，就是要求每个式子、每个动作及身体的每个部位都要中正，这样内气就通了。内气通了，全身感觉暖融融的。我认为，所谓节节贯串，就是内气上下贯通。

2. 不论是练拳架、推手，还是在实战中，身体那根“大轴”不能弯，任何时候都不能弯。这根“大轴”立起来了，就是“中正”。如果大轴弯了，那就不中正了，太极就没了。

3. 我认为，张三丰在论太极中讲了个很好的东西，就是“筋骨松、皮毛攻”，这六个字点到了太极的要害。所谓“筋骨松”，就是全身松透，将内气沉到下面；所谓“皮毛攻”，就是将内气由下而上透到体外。这个透出来的东西就是内气，能打人。这种理解与说法，我今天是第一次讲。

2011年1月2日王老师家

与吕孝丁、邓涛在王老师家。

我与邓涛练习四正推手，当对方掤我时，我在瞬间将意识丢干净，则即化之。反之，若稍有一点儿挂记，对方就摸进来了。

王老师说：

1. 我早年练拳，是用意来练，意走形随。意想气血由下而上，由上而下，上下贯通，意将实腿的内气由内向外“呲”，或者像水管子的流水那样，并感觉全身暖融融的。我现在练拳是顺其自然，凭感觉走架子，就是意念跟着感觉走，手之舞之，足之蹈之。这种练法，脑子不开小差。

2. 搬拦捶式的前冲拳，其拳面朝向正前方。

2011年2月19日龙口市东润宾馆

与吕孝丁、李绍臣、宋深厚、王东、邹志波等在东润宾馆，王老师现场指导。

今天，我在王老师的指导下练了一遍83式吴式太极拳架。王老师说，整套拳架全有中定。在盘拳架时，自我感觉也很好。王老师边看边指导，指出练拳的要点，很奏效。练拳之后，我与邹志波推手，首次能用空化劲走对方。在上周日，邹志波随王老师到市太极拳协会活动室，我与之推手，偶然空化过一次。而今天可连续空化，实属一个较大的进步。在王老师的学生中，邹志波对神意气比较敏感。

王老师说：

1. 打拳时，每个动作都要找松腰的节点。这个节点，就是每动定势前要松腰、松命门，这样能带动全身松透，内气上下贯通。

2. 武林史上有个名家叫李景林，是杨健侯先师的弟子，被人们称为“剑仙”。他曾讲过，守命门比守丹田好。尽管不少人都讲守丹田，但我体会李景林讲得对，还是守命门好，“守命门”是太极的本。日常生活中的立、行、坐、卧等，都注意松好命门，意将内气通过命门向下肢贯通，感觉内气由骨头里向外“呲”（撑胀），如同汪永泉大师讲的太极拳放松的秘诀，似静水投石泛起波纹状。

3. 与对方试手，要“先进去”，即将意气渗到与对方接触点里面去，与之相“合”，渗透合一。“再出来”，与对方相“合”后，边听边随着对方的劲出来而空化之。应对散劲和僵劲，用“引进落空”劲也是“先进去”“再出来”。如果没有“先进去”，直接用“引进落空”劲则威力很小。正如杨健侯先师所讲的，欲进先退，欲退先进，这是个千金难买的秘诀。

4.“先进去”“再出来”是引化，然后变方向发之。发劲时需跟一小步，对克“僵柔劲”管用。

5. 发劲时，前手指由下而上斜指对方中线打其中，威力很大。

6. 应对不主动发劲即不给力者：①将意透过去合之。②给对方一点儿“假劲”要其反力。③“合”对方之意而借力化发之。

2011年2月28日龙口市东润宾馆

与邹志波等在东润宾馆，王老师在场指导。

今天，我的中定状态不太好，与邹志波推手，较长时间找不到感觉。经过与王老师摸手被调出中定状态，但与邹志波一交手又变了状态。王老师多次示范发邹志波，我却一直找不到感觉。直到静下心来练了一遍拳架（反打式），王老师看后讲，练拳架的后一段进入中定状态。练拳后，我再与邹志波推手，便找到了感觉，可走沾、粘劲。

王老师说：

1. 太极拳不论是练拳架还是推手，都有“熊鹰合形”。如拳架中一沉一起，就是“熊鹰合形”。推手发人时，先沉一下再发，用的也是“熊鹰合形”。这一沉一起，包含了太极的引、化、拿、发四个要素。

2. 太极拳练的是天人合一、阴阳合一、神形合一。从细处去体会，练拳、推手、实战都含有这“三个合一”，谁把“三个合一”练好了、结合好了，就是太极高手。例如，练拳架要“天人合一”，是通过练拳架，将人体的各个关节打开，上下顺畅，使人体内的浑元气上下贯通，上连天，下接地，就是天、地、人合一。同时，每个式子中都含有“阴阳合一”，一招一式体现着阴阳的互相转换。拳架中若没有阴阳转换，没有“阴阳合一”，就不是太极拳了。在每招每式中，神与形密不可分，所以，练拳架也是练“神形合一”。如果神与形分离开，那就同样不是太极拳了。“神形合一”，是神、意、气与形的完美结合。在实战中，“三个合一”缺一不可，没有“天人合一”，气就不通；气不通就没有“阴阳合一”；若没有“天人合一”和“阴阳合一”，“神形合一”就更不存在了。

2011年3月13日龙口市老干部活动中心

在市太极拳协会常务理事会会议结束后，到一楼活动室练拳推手。

王老师说：

1. 太极拳的每个式子都要体会“争力”。如起势，双臂上掤的同时松胯沉腰，即双臂上行而身躯下沉，从而形成“争力”。双臂上行时，如同拉着丝，沉沉的，上下有相争之力。在练拳时，要细细地体悟拳式中“争力”的滋味，这样有利于练内功。

2. 太极拳是阴阳转换，每个太极拳式子就是由阴变阳，再由阳转阴。定势时，沉腰松命门则出现“阳极”。拳架由走式子到定势，再由定势转走式子，这样循环往复，由阴变阳、由阳转阴不断地转换过程。

2011年3月30日龙口市东润宾馆

在东润宾馆，王老师在场指导。

王老师针对我今晚练拳架存在的问题讲：

练拳的初级阶段不能丢意，从你刚才拳架中个别动作看，你一丢了意（走神），内气就断开了。练拳不是光比画外形，是练内气，意领形随，手、脚及全身有胀乎乎的感觉就对了。练拳到了拳无拳、意无意的阶段，是凭感觉走架子，那就进入更高的练拳层次。

2011年5月9日龙口市东润宾馆

与张云峰、姜国良、邹志波等在东润宾馆，王老师在场指导。

今晚，我的中定状态较好。自4月20日以来，近20多天没练推手（因去北京出差），今晚在王老师的指导下先练了一遍拳架，然后模仿王老师示范动作，分别用太极拳架的搂膝拗步、野马分鬃、闪通背、玉女穿梭、海底针、搬拦捶等动作发劲，均有效（与邹志波试手）。

王老师说：

你刚才练的这套拳架不够伸展，也叫“不及”。练拳与推手一样，“过了”不行，“不及”也不行，“过”与“不及”都影响内气通畅。拳架的每招每式都要用意引导动作伸展开，就是舒展（王老师现场用“过”或“不及”两种动作来演示发邹志波，都发不走，后用舒展开的动作便将志波发出去了）。

2011年6月12日王老师家

与吕孝丁到王老师家，王老师指导我正拳架。

王老师说：

1. 练习拳架要越练越细，从你刚才盘的拳架来看，大的方面要注意以下几点：①每动每式要有拳意。意不能断，特别是在动作转换的细节上要有意引领。②拳架子要越练越顺，越练越美，越练越有东西。

2. 起势：①做开立步，外开之腿的脚尖落地之前好像怕脚被热水烫着一样，或有踏薄冰之意，这样有利于练中定。②双臂向上掤起，感觉双手从脚尖拉起个东西，既有上起之意，又有下挣之感，如北京太极拳名家李光昭所讲“起中有落，落中有起”。③在左抱七星式的转换中，不要弯腰，是周身一家旋转左臂。

3. 揽雀尾，外掤之臂向外打挤，待挤满了后松腰胯，外掤之臂自然向前略探，有抻筋拔背之意。

4. 每动定势时，周身一沉，气则鼓荡。

5. 斜飞式，右手臂旋转至左臂肩头内，双臂在左臂前合抱，然后再向前、向外分开，这样打得开展，打出气势来。

6. 高探马式转右（左）分脚式时，右（左）手臂斜向上外旋、外开，在双臂合抱后打开的同时分脚。

7. 金鸡独立式，定势时外蹬之脚要有“蹬意”。

8. 肘底捶式定势时，身要正，肘捶上下相对，不能偏。

2011年6月20日王老师家

在王老师家，王老师指导我正拳架。

王老师说：

1. 练拳要沉而不僵、松而不浮。形意拳大师尚云祥把练拳比作是

"摸鱼"，我看这个比喻既形象又贴切，因为你的肢体僵了会把鱼碰跑了，浮了就抓不住鱼。杨澄甫大师讲，太极拳功夫是绵里裹铁。看起来肢体外面是松软的，但发出来的劲是坚硬的。我看，还可将太极拳比作为绵里裹水银，水银很沉且能流动。

练拳时，两臂如同大象鼻子，象的鼻子虽松软，却能将千斤之物卷起来。因为大象是将全身的力量运到鼻子上，其根在大象的脚下，鼻子沉而不僵、松而不浮，所以力量很大。

我们练拳，就要练出大象鼻子的那种状态——沉而不僵、松而不浮。有人问我练拳时有什么感觉，我个人体会，因人不同，或因练拳的阶段不同，感觉也不一样。我现在练拳有两种不同的感觉：一是"沉劲"的感觉。如同拉不动枪大栓一样，又如逆水游泳，阻力很大；二是"轻灵劲"的感觉。练拳时，感到全身飘飘然，像风筝一样，地面有根线牵着，风筝随风而动。太极的这根线就是中定、是根、是主宰。无论是"沉劲"，还是"轻灵劲"，都是从脚底下上来东西，感觉手掌胀乎乎的。总之，只要按照老祖宗留下来的拳理、拳法去练拳，就能练出"沉劲"或"轻灵劲"。

2. 李雅轩大师把练拳比作抽丝桄线。我体会这句话有两层意思：①抽丝，就是拳中有东西。架子在运行变换中，始终像拉丝一样，整套拳架从起势到收势犹如一个式子，一直拉着东西。②桄线，就是拳架圆滑、内气饱满，每个式子从内到外无凹凸、无缺陷。

2011年7月14日王老师家

在王老师家，王老师指导我正拳架。

王老师说：

1. 起势行开立步时，意松右实腿，感觉内气由腿骨内向外"呲"（冲），腰胯、右膝，到右踝都向下松沉，左腿渐变虚自然向左侧漂出去，这样可避免习惯性地用肢体、用力挪步的现象。用力将腿脚向外侧移步是"自动"，太极拳最忌自动。

2. 起势后转左抱七星式，在转换当中左手下落时，不要歪头（我当时边下落左手边歪头），左手随着向右转腰转身而自然下落。

3. 白鹤亮翅式向搂膝拗步式转换时，双手臂要完全落下来，你刚才是半擎着双臂往下式转换的，并且左手臂随左转腰下落时出现"自动"

现象。

4. 走斜飞式这个式子，不要只动左手，右手臂在那里等着，那样是个“死”的。两手臂要协调、全动。

5. 搬拦捶式，前冲拳时要有个小弧度，打出的捶拳面向前方；转如封似闭式时，要以腰为轴向左转带动右手臂向左转之后再转为正前方。

6. 北京太极拳名家李光昭在一篇回忆文章中写道，当年，有人问白旭华师爷：“太极拳靠什么打人？”他回答说：“靠基本功。”我认为这个基本功，就是无极。站桩是练无极。练拳时，拳架里有无极也有太极，就是通常说的阴阳转换，每个式子都有阴有阳。所谓太极定性难，实则是保持无极的常态难。无极难练，保持更难。无极是本，太极是用。杨禹廷老先生对徒弟讲，你先站桩，站“有”了再练拳。这个“有”字，是指身上有胀乎乎的感觉，就是无极状态。没有无极，就没有太极。拳论曰：“太极者，无极而生，动静之机，阴阳之母也。”可见，太极是从无极生化而来。

7. 老子讲“静”，我认为，这个“静”，就是无形无相。全体透空，就是无极。静才能无为，无为才能无极。静到一定程度，即无极达到一定状态，便如老子所言：“兕无所投其角，虎无所措其爪，兵无所容其刃。”

2011年9月27日王老师家

在王老师家正拳架。

我练拳架从起势到第一个单鞭式这一段，王老师评价说，今天是你学拳以来最好的状态，中定状态基本没有中断，在走拳架中没有丢中定，有的式子气感很浓。

下面，是王老师在现场指导时讲的几点意见：

1. 盘拳架在开立步之前，你往那里一站，首先要找中定的感觉，就是从头、肩、腰、胯、膝、踝到脚面都松下去，感觉脚往地下渗，有了这个感觉后再起势。若站不出这个感觉来，就别往下走架子。当年杨禹廷老先生讲过，大概的意思是，在那里一站，有了中定再走架子。大河有水小河满，如果没有中定，就是大河没有水。我理解，老先生讲的这个大河有水，就是丹田有气、腰胯能松下去、脚底下有东西。脚底下的东西返上来，手掌就会感觉胀乎乎的，这就说明上下贯通了，拳就练对了。

2. 两腿虚实转换时，意念由实腿经尾闾向虚腿灌气，形式上是两腿虚实的转换，实则是内气的流转。

3. 李雅轩大师讲过，练拳练的是这个沉劲。我体悟也是这样，先练这个沉劲，到了一定程度才能练出轻灵劲，不能在没有练出沉劲时，就去追求轻灵劲。这个沉劲，就是在练拳架中能拉着东西，感觉很沉，如同拉枪的大栓，又像抽丝一样，是拉着丝行拳。还可意想周边的空气像稀泥，身体如同在很厚的稀泥中运动一样。

2011年10月10日王老师家

在王老师家练拳，王老师现场指导。

今天，我的中定状态开始不太好，从站桩到练拳架的第一段（到第一个单鞭式），身体上下一直没有通开。后来，看王老师示范演练了一段拳架，受到感染，逐渐找到感觉，进入中定状态。

王老师说：

1. 练拳架要先调整好状态。杨禹廷老先生提倡在起势前，先站一段时间，找到感觉后再练拳架，而且在练拳中一直保持这个感觉，不能丢了。

2. 我体会，若能做到既不走神，又不想事，保持一种云雾蒙蒙的状态，这样就容易沉下去，进入无极状态。

3. 应对任何外来侵袭，自己必须是处在无极状态，由无极转太极。太极发人有四点很重要：松腰、神领、意打、形随。

2011年10月13日王老师家

在王老师家，王老师指导我正拳架。

王老师先讲解杨健侯先师的拳论，然后指导我正拳架。今天，我将吴式太极拳83式全套路都打完。王老师说，拳架演练自始至终都有中定，但外形不够规范，还需在正拳架上下点儿功夫。

王老师说：

1. 打拳前怎样先找一下中定？我认为，应该是心静下来，排除杂念，意松腰、胯、膝、踝至脚下，感觉手掌与脚心胀热，这样就是进入了中定状态。

2. 在练拳架中，每式的定势为阳极。定势时，要松腰神领，低头不行，昂着头露出喉结也不行。所谓神领，就是随着松腰，头稍微上扬，神形合一。

3. 走“滚气球”劲，就是在“合”好对方发劲时，神意与身形合一，由下斜向上、向前走之。

2011年10月17日王老师家

在王老师家，王老师指导我正拳架。

王老师说：

练拳架时，要逐渐向细处下功夫，如：①你刚才的开立步，尽管上下已经通开了，有中定，但还要练“加气”，就是再松、再松，意念从骨头里面松开了，内气由里往外“窜”，脚向地下渗。②你在转换左抱七星式时，右脚的转动不要有棱角，要圆活。③单鞭之式向下式转换，其左手下落时要像流水一样顺畅。④每动每式都要保持无凹凸，把身体练得像水一样流到哪里都无障碍，什么物体遇我后都感觉无阻碍，这就是练松。总之，要在“松”上多下功夫。

2011年11月1日王老师家

在王老师家练拳。

今天，我在盘拳架开始时状态不太好，而当将心全放下来，什么都不挂记，心里很平静，这样才自然松下来了。王老师评价，你这时的状态好了，拳打得既浑厚又流畅。

王老师说：

1. 练拳要松到底，才能练出松沉劲。有了松沉劲，与人交手时，你一松腰，对方的力就自然被引化了，他就“起根”了。练拳中，当你松下去有了中定后，你会感觉胸部不是肌肉，而全是内气。

2. 起势时，双臂向上掤起，不是意抬肩，而是意由脚下内气将双臂鼓起来的。

3. 收势时，双手不能贴到胸前，否则，双臂腋下一夹，手就空了，就丢了东西，双手要始终感觉按着个球类的东西。李雅轩大师讲，练拳从起势到收势，手里胀乎乎的那点东西始终不能丢。杨健侯先师曾讲过，练一套拳，从起势到收势就是一个式子。这都是强调练拳要做到连绵不断不丢劲。

2011年11月10日王老师家

在王老师家，王老师指导我正拳架。

王老师说：

1. 今天，你的拳架练得不错，很厚。但个别式子要纠正一下：①揽雀尾式转单鞭式时，眼与手同时随转体而转，头不要先转。②搂膝拗步之式，前手上起时不要往后拉，应由下而上再向前按。③揽雀尾式后捋之手要随着转体贴着身向上起再打挤。④野马分鬃之式要走满，不能太小，太小内气不饱满。⑤歇步后蹬脚是斜方向（我是蹬正方向）。⑥搬拦捶的冲拳由下斜向上走；冲拳后转如封似闭式时，左手不能自动，要随着左转体右手向左时，左手自然下落至右手臂下。⑦玉女穿梭式转换时不要弯腰。⑧弯弓射虎式的转头与弯腰要同步，不能提前转头。⑨单鞭式定势时，意想提顶则全身自然下沉，不要刻意让外形下落。⑩向前打挤时，后手要搭在前手臂之上。⑪揽雀尾式后右手折叠随转体向单鞭式转换时，要上虚领、下松腰，否则，右手易僵滞。

2. 练太极拳有三种状态的劲：①自然劲，即不用意，更不用力，而是靠内在自然的东西打人。在静止状态下，你全身上下松透贯通，对方用意去“打”你，会感到进不去。②无极劲，即在练无极桩功或练拳架过程中，对方用意去“打”你，会感受到一种无形的反作用力。③太极劲，就是在无极状态下，你用意“合”对方出来的劲。在练习太极拳架过程中，始终是由无极到太极，再由太极转无极，这样循环往复地转换，也是阴阳的转换。

3. 走吞、吐劲，其中吞为引进，吐为放。走“后空劲”，须神形合一。

2011年11月28日王老师家

在王老师家，王老师指导我正拳架。

今天，在我练完一遍拳架后，王老师作了以下点评：前半部分拳架，有的丢失中定；中后部分拳架很顺畅，拉的丝很厚，超过以往任何一次。

王老师说：

1. 练太极拳首要的是练好拳架，一套拳架走下来，始终保持上下贯通有中定，那就是好拳，就练对了。杨健侯先师讲，练一套拳如同走一个式子，抽丝不断。

2. 拳架中的单摆莲，不要抬得那么高、走得那么快，要前后连贯起来。

3. 最近，我偶然发现小洋洋（王老师的小孙子）身上也有自然劲，这说明人的本能都存在着自然劲，只要状态好，自然劲就出来了。我们练太极拳就是练这个自然的东西，这个东西不是力。

2012年2月14日王老师家

在王老师家，我练完了一套拳架后，王老师评价，基本都有中定，在个别动作转换中有时丢劲。总的看，练的拳架如同抽丝，有东西。

王老师说：

1. 练拳者有中定或没有中定，在状态或不在状态，其实就是一"念"之差。当你什么都不挂记，不去想怎么做时，就自然进入太极的无极状态。反之，越去想怎样做，有了想法就是有为，就进入不了太极的无极状态。

2. 打太极拳从起势到结束，全身暖融融、两手胀乎乎的感觉始终不能丢。这样练才对、才管用。如走"海底针"，下插之手，会感觉手里的气"唔"的一下往地里插；走"闪通背"的定势时，也会感觉气"唔"的一下贯到两手掌等。

3. 我看了杨式太极拳正宗传人牛椿明、崔毅士、李雅轩等人的拳照，他们的后脚都是外撇45°，吴式太极拳的拳架是后脚与前脚同向前方。我在练拳架时比较了一下，感觉练杨式太极拳的几位大师那种步法有利于上下贯通，后脚尖稍向外一调，能感觉气"唔"的一下就到了脚底。而两脚尖都朝前，总感觉气浮在腰臀部。所以，你在练吴式拳架的倒撵猴式时，向后撤的腿落脚时要注意脚的方向。

4. 练拳架要像微雕那样细。注意在式与式的转换中不要丢东西，一丢就是自动，劲就断了。要一直不断意，周身一家，上下相随。如走下势这个动作时，不要上体走得慢，脚却很快就转过来了，要同步运行，是一样的节律。

5. 太极拳每个动作，都包含形意拳的劈拳动作，即一起一落，或一落一起。实际上这一落一起，就是练引、化、拿、发。所以说"推手不好拳里找"，练好拳是最根本的。

2012年2月23日王老师家

今天，我在王老师家练了一遍整套拳架，王老师说，在走拳架中一直有中定，基本没中断，而且拳拉出来的东西很厚。这是连续三次在王老师家练拳架保持较好的中定状态。之后，王老师指导我练习推手，开始时丢了中定，中定时有时无。看来，这澄心定性很重要。之所以这样不定性，个人感觉与心理状态有关，即心意问题，若刻意求松，那就不自然了，容易丢中定。后来与王东推手，状态比较好。

王老师说：

1. 练拳架越细越好，例如，走单鞭式如同拉丝，走云手式时似手抄淤泥，搬拦捶式后撤手好像拉枪的大栓等，要有很浓的意。意念随着这种感觉走拳架子，每个环节都不丢意，这种感觉才对。

2. 推手时，意合、松腰、劲由脚底上来如同滚气球。

2012年3月6日王老师家

王老师指导我练拳架。

今天，我的状态很好，一开始就进入中定状态。王老师评价，整套拳架都有中定，与以往演练的拳架相比，是练得最好的一次。

王老师说：

练拳如同微雕艺术，要在保持中定不丢的状态下练出风采来。今后练拳架还要注意以下几点：

1. 你目前盘拳架时步幅有点大，两脚的间距应以一脚宽为宜，至多一脚半。

2. 搂膝拗步之式，后脚抬至一半时，以腰胯之力带动后腿向前漂，然后松腰胯、落脚跟。

3. 倒撵猴之式，前手下落时找弓步的膝盖（不强求到位），眼看前脚尖，后撤之脚呈隅向（属杨式太极拳的动作，利于气通）。

4. 斜飞式及野马分鬃之式，上手太低，要抬高一点儿。斜飞式转换动作中，右手在左肩前。

5. 提手上势之式，手向上提至额上，再将手心转向朝外，然后转换下式。

6. 海底针之式，右手下落时找左膝盖。

7. 前推掌与眼同高，不要过低。

8. 练拳看似外形动作缓慢平静，但内里的东西在流动。

2012年3月8日王老师家

在王老师家，王老师点评我练的拳架，从预备势就有中定，上下通，整个套路都没有中断。但今天练得不如上次（3月6日）通顺，不太流畅，有“疙疙瘩瘩”的感觉。

王老师说：

1. 练拳将人体三个部位松好很重要，即松胸、松腰、松膝，由上而下松，一直松到脚底。其中，膝关节最难松。

2. 杨澄甫大师所讲绵里藏针，我看这个“绵”，就是体松，“针”是体内透出来的东西。无“绵”就无“针”。

3. 练拳架应注意以下几点：①走架子不能意随形走，初学时是以意领形，待后练到一定阶段，就是意随着感觉走，不知手之舞之，足之蹈之，飘飘然，那就是“拳练人”的境界。②拳论讲的欲前先后，欲左先右，在走架子中要体现出来。如倒撵猴式，前掌后撤时，要先向前微探一下再向后走。③吴式太极拳，走架子是斜中求直。如揽雀尾前挤后捋时、玉女穿梭架掌定势时，其上身略前倾，斜中求直，后腿微屈，不要过弯或过直，更不能倒打弯。④斜飞式定势时，腰斜直就通顺，不要拧劲。

2012年3月20日王老师家

在王老师家正拳架。

王老师说：

你今天练的拳架，有以下几点需改正：①前挤时，后手要搭在前手臂腕部之上。②搂膝拗步式，前推掌不要太低。③白鹤亮翅转体时，前手向前引领，不要立即垂下来。④斜单鞭式要呈45°，即隅向。⑤单鞭式转肘底看锤式时，先撵正后脚尖，再正转前脚跟，即不要转脚尖，否则气易上浮。

2012年4月19日王老师家

在王老师家练拳，今天我的状态较好。王老师点评，你今天练的拳架气感很浓，整套架子没有断续。

王老师说：

1. 从预备势开始，越自然越好，心要放下，没有任何挂念。

2. 整个套路意不能断，意开了小差，内气就变弱，意浓则气浓。

3. 以后练拳注意以下几个地方：①白鹤亮翅下弯腰时，腿不要太弯曲，以免影响气通。②海底针下穿掌时，虚腿脚尖着地，腿不要太弯曲。③由单鞭转下式时，两只脚和腰与上体动作要协调一致，体现“一动无有不动”。

2012年5月31日王老师家

在王老师家。

我与宋深厚打轮，深厚拳练得好，听劲很细。开始我因心静不下来，有挂记，打轮时上肢松不下来，上下不能贯通。看来，心静、不挂记是修拳的前提。

王老师说：

1. 今天，你练的拳架总体不错，有沉劲，又连贯。但今后要注意把握好以下几个式子：①提手上势时，头不要仰。杨澄甫大师的拳架上体都是前倾一点儿。②白鹤亮翅双手上举下落至胸前再转换，不要擎在半空就转换。③进步栽捶要打出东西来，沉劲要不断。④杨式太极拳盘架子是中指领劲，吴式太极拳盘架子是食指领劲，我体会以中指领劲好。⑤杨澄甫大师走云手式的拳照，他的手不过自己的中线，这是有道理的。

2. 练习用一个手指（通常用食指）与对方试劲，最关键的是对方刚用劲瞬间要自然松化，使对方握不到实处而起根。这个自然松化避免两点错误：一是用意去松手指，意在手指上；二是意用手指向己身后带（钩）对方。这两点都不是无为之为，而是有为之为，是自动。只要是自动，就会被对方抓住，那就不是太极。这个自然松化，是周身一家的松化，而不是仅松手指。如果是松手指，就会想手指，意在手指上，力就在手指上。

2012年12月29日龙口市太极拳协会

我与王老师在市协会办公室。

王老师指导我练拳架。我演练了吴式太极拳第一段（到第一个云手式），王老师边看边说，拳中有东西，感觉很厚，但不够活，需再下功夫练习，要练得又厚又活。

三、推手

以理释拳，以拳说手。云龙师带领学生习练推手，始终坚持理法、心法、功法紧密结合，将三者融会贯通。他给学生约法三章：不用力，不撕扯，不顶牛。他精心指导学生排除争胜心态，细细体会用意气搭手的滋味。他引领学生练自然拳，养自然气，用自然劲。

王云龙

2009年5月26日王老师家

王老师说：

对方向我打来，我与其接手动作中有三个要素：引化、缠拿、整发。与对方的接触点要松化，松得使对方摸不着、按不实，此为引化；继而用渗透缠丝劲，此为拿劲；然后周身一家发劲，此为整发。所以，在与对方接触发劲的刹那间，包含了引化、缠拿、整发，没有间隙，在瞬间完成。

2009年7月2日王老师家

王老师说：

1. 张三丰祖师讲的拳诀“筋骨松，皮毛攻”，用在与人交手上，我的理解是，“筋骨松”是指化劲；“皮毛攻”是指缠丝、拿发劲。就是你把“筋骨松，皮毛攻”之意表现出来，就有化、有拿、有发，就能放人。

2. 我理解拳论讲的“节节贯串”，就是周身一家。

3. 太极劲应对外力的公式为1+1=1，即来劲为一，接劲为一，走劲为一。若公式变为1+1=2，那就为顶劲。我认为可以用“一”这个公式来理解太极的渗透合一、阴阳合一之拳理。

4. 杨露禅讲：“站住中定往开里打。”我理解，这个“站住中定”是前提、是基础、是太极之本。有了中定，才有合、有发。如果没有中定，就合不成、发不好，也就没有威力。

5. “引（合）、化、拿（缠丝）、发”这四个字，是太极的一个圆圈，是太极劲的核心。其中，引与化是上半圈，拿与发是下半圈，所谓妙手一着一太极，就是用了一个圈。

2009年9月24日王老师家

王老师说：

所谓“渗透合一，贯穿两极（阴阳），融汇一炉”。我理解，与对方搭手，对方意起或来力则为阳，我松空无为则为阴，适时以意渗透对方与之缠丝合一，此即贯穿阴阳两极。融汇一炉，即我以松沉与对方合上之后，使对方任我摆布，前进能粘之，后退则沾之。

2009年10月5日王老师家

王老师说：

用好太极拳的“引进落空”，在推手中要磨练以下几点：第一，什么都不挂记，处于无为状态；第二，“合”好，用意合。成败的关键靠虚无气势，把握好先机与对方阴阳合一；第三，化、拿（即缠丝）。

引进落空合即出，这里的“引进”，就是不即不离地把对方引过来。这个引，引中有合、有化、有拿，使对方无劲可施。这里的“合即出”，就是在前面引的基础上与对方阴阳合一，对方来力被化掉，并与我劲相合而又返给对方，对方被发放出去。具体运用中，要先安好“炮台”，即先松沉，松腰、松胯。这一松一沉正好合着对方，支起了“炮台”。“即出”是放劲的结果。

2009年10月9日王老师家

王老师说：

1.“合”上对方，紧接着就是“拿劲路”，即在化的基础上缠丝，要缠紧，不要“打秃撸”。“打秃撸”，就是化后未缠丝，或者缠后又松懈了。必须在化后跟上缠丝，像螺丝钉一样钻进去。

2. 刘光斗大师讲的“劲意”，我体会就是“劲势”，是把握好“合”的时机，这也叫“阴阳合一”。不管前进粘放或后退沾空，都必须合得好。“合”不好，别的都不管用。杨健侯先师讲过，胜败在一个“合”字。所以说，“合”很重要。

3. 太极拳不要“霸气”，也不要“惰气”，要“中和之气”。“中和之气”就是中定，在中定状态下，自我感觉身体暖融融的。

所谓“霸气”，就是有争胜之念，有形有相，立摆架势。不要“霸气”，就是临敌如绣女，什么都不想，既无形，又无意，全体透空。

所谓“惰气”，即懒惰松懈之意。敌劲来了，你却无动于衷，或者你的意与劲迟于敌之后，这都不行。要在彼欲动之时，己已动之，抓机势与敌阴阳合一。

4. 我体会，太极拳有“三难”，也是“三关”：一是难在练中定（关）；二是难在用中定（关）；三是难在不丢中定（关）。欲过这“三关”，必须澄心定性。

5. 太极拳练三个无底：一是“中定”无底；二是“透空无为”无底；三是“阴阳合一”无底。这里讲的“无底”，就是指艺无止境，拳无止境。太极功夫愈深，则中定状态愈佳，透空无为愈好，阴阳合一愈妙。

另外，还有“松”无底、“静”无底，都是指透空无为。

2009年10月31日王老师家

王老师说：

1. 不论用劲大小，都要从脚底下上。要周身一家、完整一气，像地球一样整体动。“自动”的劲小还冒尖。内劲是从脚底上来，由腿而腰，至接触点，这样，劲大还不冒尖。

2. 走“空”劲，也必须周身动，否则就冒尖。正确做法是，由脚底来劲，由下而上向体侧身后转皮球，全身扭得紧。若只转动上身或手臂，那是“自动”。

3. 向前发劲时冒尖为顶，向后走空劲时自动撤手叫丢。后撤要随着对方之力走，而不是自动躲闪、避让。对拳论讲的“不即不离”要细细地体悟。

4. 先“合”，再“化、拿、发”，这是一个动作，是在瞬间（或是1/20秒，或是1/10秒）完成，没有想象的空间。若一想怎样合，怎样化、拿、发，那就不成了。

5. 发劲时，鼓荡丹田，实则全身鼓荡。这一鼓荡，就是爆炸劲，是冷劲。

6. 走劲，根在脚，发于腿，主宰于腰，行于接触点，拳论称“形于手指”。

2009年11月2日王老师家

王老师说：

1. 既要内劲好，合得好，化、拿、发好，还要用好神。前三个好，再加上神，就是神形合一。神形合一威力很大，各类拳种修到高级阶段的共同点都是神形合一。

2. 走“空后回劲”，先将对方引化落空，使其“起根”自然跟进，此时，借对方为保持平衡自然后撤之劲发之，此为“空后回劲”。

3. “引进落空”，是各个太极门派通用的一招。而“擎引松放”，是武式太极拳独有的一招。所谓“擎引”，是向上引化对方之力，使之起根，然后松发之。

4. 所谓“斤对斤、两对两”，是指对方起根以后仍加力挣扎，我要根据对方来力大小，全身松沉应对。若大于对方之来力，易被其抓住把柄；若小于对方之来力，则为丢。要在全松状态下等量应对对方之来力。这一点，往往在“快”中用不难，而在“慢”时则不好把握。

5. 双方在推手时，只要阴阳合一，就感觉很舒服。若“顶”了，或者“瘪”了，双方都感觉难受。

6. 推手时“冒尖”是通病，谁克服好了，谁就把握了太极的劲。

2009年11月4日王老师家

王老师说：

四种情形走劲：①见入则开。对气势猛、来力急者，给他让道。②看来则降。看敌低下身来攻，我亦随之低下身合之。要意占先，有引进劲。③遇入则合。指敌来劲不急不缓，我与其适时合而发之。④就去则升。若敌搭手回退或逃跑，我要随之。

2009年11月23日王老师家

王老师说：

1. 对方拉开架子但却不动，这是只摆架不给力。怎样应对这样的手？我是先以意用腰胯划个小圈将其“合”上，这样不仅使对方起了根，同时还向其要了反力，继而借其力沾之或粘之。如果对方拉架子主动出击则更好，我即借其力合而发之。

2. 粘即是走，走即是粘。沾劲和粘劲都应该加缠丝，有缠丝劲才大。

3. 对“不吃”神意气的散劲者，若用沾劲空之，需先“合”上对方，再由脚底上劲整体向身侧后转动，同时以手捋之，即可将对方摔到身后。这里的“合”与“沾”，关键靠透空无为、上下相随、自身扭得紧这三个要点。

4. 所谓“掤捋挤按须认真，上下相随人难进”，其要义在上下贯通、相随。如果上下不贯通，掤捋挤按就不管用。还有“乱环术法最难通，上下随合妙无穷”“站住中定往开里打”“筋骨松，皮毛攻”“中正安舒，支撑八面”等，这些经典拳论都是讲全身松空、贯通、相随等拳术根本。

5. 一阴一阳为太极。阴阳互渗，贯穿两极，熔为一炉。我理解太极图中间的线蕴含太极的真谛，练拳就是练中间这条线，转向一面为阳，转向另一面为阴，太极在运动中阴阳互相转换。

2009年11月25日王老师家

王老师说：

1. 关于“推门帘子”劲。对方来推我，在其出手之际即“合”上；在其接触我身体时，我以松沉借对方之力转体，使其感到虽然推着我的身体，但又好像没摸着，如同推门帘子一样，手触在帘子上，没有任何阻力。又如同我是石磨，对方是流水，其水流大（力大），这“石磨”转得就快；反之，其水流小（力小），这“石磨”转得就慢。注意两点：①不能自动避让，不能后仰，身体要中正，让对方推着动。②把握好“等力”，即斤对斤、两对两，既松又活，如水推石磨之急缓，急动急应，缓动缓随。此劲与空劲不同，走空劲是使对方不接触身体，而推门帘劲则是让对方接触身体，我借其力而动。

2. 关于“轴承”劲。我体似轴承（既不前倾后仰，又不自动后退），保持中正安舒，先“合”对方使其起根，然后顺着对方之力转体，如同轴承一样转动。注意做到立身中正，转动自如。

2009年11月30日王老师家

王老师说：

1. 一位先师讲：“妙手一着一太极。”我理解这“一着”，就是一个圈。这个圈所含内容是四个字“引、化、拿、发”。上半圈引、化；

下半圈拿、发。“拿”，即“内缠丝”。缠丝，也叫拿劲路。

2.“擎引松放”之劲，是将对方“吊”起来发放。“擎引”，是向上引化；“松”，即松而缠拿；“放”，即发劲。“擎引”为半个圈，“松放”为半个圈。

3. 实战发劲常用以下三个劲：①“引进落空”，可用大圈、小圈、无形圈。若机势合适，此法最省力。②“截劲”，可用小圈或无形圈。③“擎引松放”，可用大圈、小圈、无形圈。

其中，“截劲”是打劲头，“引进落空”与“擎引松放”是打劲尾。打劲头，是当对方刚动意未发力或刚发力时，我即截而打之；打劲尾，是对方发出力来了，我将其力引化之后打之。

4. 太极拳打人的特点是“出手不见手，见手不能走。”我理解，之所以出手不见手，是因为我出手前，什么都不想，全体透空无形，对方就看不到打来的手。所谓见手不能走，是当对方见到我手时，已经来不及应对了。太极拳打人是无为之为。

5. 太极应对敌方多数要用手，但是，不论在什么情况下，用手不能想手，不能用意指挥手。否则，就叫“自动”。“自动”，就有形了，身体就硬了，就不透空了，不仅影响内劲发出，而且给敌方提供了把柄和打击的目标。

2009年12月19日王老师家

王老师说：

1. 用神发劲至少有两个作用：一是可使对方一惊，瞬间肌肉紧张、肢体变硬；二是“神”可以调动自身的意、气一起出，即在瞬间神、意、气齐上，神形合一，威力很大。

2. 太极劲分两种状态：①无为无不为，即自然劲。保持放松，什么都不想，有中定，体内透出来的是自然气。②无为之为，先什么都不想，在临敌时突然丹田鼓荡，同时神、意、气齐用，使敌似在夜间走坟地被人在后背猛击一掌那种惊吓感觉。太极最忌有为之为，即摆架子、想得太多等。

2009年12月21日王老师家

王老师说：

1. 刘光斗大师讲过，太极高手在与对方交手之际，或“发”或“空”，关键靠机势抓得准、“合”得好。我的体会是，先什么都“没有”，临敌如绣女，立不摆架，无形无意。与对方接劲要急动急应，缓动缓随，及时应对，应物自然，既不能早，也不能晚，抓准时机，瞬间即发，必有奇效。

2. 在化、拿对方时，不要懈怠，要缠得紧，有意气集中、打透放远之意。

2009年12月24日王老师家

王老师说：

与对方较量，关键在于抓先机而不是抢先机，即“合”的时机。武禹襄在《太极拳解》中曰：“彼不动，已不动；彼微动，已先动。”我的体会是，彼欲动，已先动，在对方刚有想法时即可合之。只要做到透空无为、虚无气势、不摆架子，就能在对方刚有想法时发现其动。

若对方已先合上我，抢去了先机，我则必须再松沉，使对方看不到、摸不着，这样会破坏对方的机势。或者在松沉的基础上，用神意气一抖（此为冷劲），使其因惊吓变僵硬而失中定，我再合而发之，此为反抢机势。

2009年12月30日王老师家

王老师说：

1. 发劲动作只一下，即一个劲，如果再跟一下，就成为两个劲，易被对方借用。

2. 临敌时，务必把握好机势，不能有惰性。如果机势来了，稍迟一点儿，就失去机势而陷于被动。

2010年1月7日王老师家

王老师说：

1. 太极高手临敌时有两点最过硬：①不怕。心理好，信念强，定力足。②不想。无杂念，无挂记，无准备。特别是面对体壮力大者及气势凶猛者，首先，做到坚信自己，“包容”对方，不被对方感染，不受对方影响，更不因其大而凶猛惧怕之。其次，做到没有一点儿准备用力的念头，一点儿都不想如何对付，而是很镇静，镇静得若无其事，临敌如绣女，把自己和对方都当作瞎子，好似对方没看到自己，自己也没看到对方，以内在的镇静保持中定状态。用一句话表示就是透空无为。透空是松，无为是静，二者相比，静（什么都不想）比松更难。

2. 太极劲用则有，不用则藏。藏则透空无为，用则虎啸猿鸣、神形合一。

2010年1月9日王老师家

王老师说：

1. 虚无气势愈好，打冷劲就愈好。冷劲，即爆炸劲。

2. 打上劲时用丹田鼓荡的冷劲，威力更大。

3. 敌来之时，我先一沉合之，再由下而上发劲，如同水里的皮球，沉时要全下去，发劲时又从下翻上来。

2010年1月11日王老师家

王老师说：

打上劲，在这一拍之中，包含三个劲，即拍（要对方之反力）、化拿（松化对方之力）、发（借对方之力）。在实战时，将这三个劲合为一个整劲，瞬间完成。

2010年1月22日王老师家

王老师说：

1. 四正打轮，用一只手放在对方的腕部，一只手放在对方的肘部，其目的是看住对方的腕与肘，也就控制了对方上肢的攻击。四正打轮重点是练习听劲。

2. 打上劲，先拍、后松、再追，追为加力、加速度。其中，拍的时间不要太长或太重，若太长、太重，就使对方觉醒的时间延长。这一拍，惊散对方的司令部（大脑），继而松、化拿住劲路，随之借力发出去。

3.“无形无相，全体透空”，这是练一辈子拳都要不断研究、认真感悟的东西，离开这一点，也就离开了太极拳。如果做到了这一点，那就能解决所有问题，能克任何外力。练这个的功夫就是练定性。为什么有的人今天有中定，明天又没有了？就是定性不够。要不断地练，仔细地悟。我体会，澄心才能定性。若心不静，脑不净，体不松，身有形，就是无定性。

编者此日抄录王老师悟拳手记：

于2010年1月20日凌晨所悟。

“前进后退发放之法”：①一合（沉）冷拍松（化）缠（拿）追，金刚罗汉碰上飞。②对方凶猛冲，一合转身龙卷风（即西山悬磬）”（以上为王老师在前一天与体重二百余斤的王东用上述两个劲推手之后所感悟）。

2010年2月22日王老师家

王老师说：

1. 太极以虚无为本。这个“虚无”，就是体松心净，既无形无相，又无想法，什么都没有。“虚无”了，则中定在。虚无气势，就是中定内气充盈后透出体外的无形气势。有了虚无气势，才算得到太极的好东西。

2. 用前臂外侧打截劲，要像甩鞭子那样一次甩出去，不能用两次劲。劲从脚底上来，手臂是软的，不能硬，硬了气就不贯通了。

2010年2月24日王老师家

王老师说：

1. 如何解决在发劲中丢内劲用拙力的问题？要注意做好“熊鹰合形”。即先像熊一样往下一沉“合”好对方，再像鹰一样飞起，由脚底来劲发之。

2. 太极拳奥妙无穷，练在其中，悟在其中，乐在其中。

2010年2月27日王老师家

王老师说：

1.“合”，即“阴阳合一”，是太极拳术之要素，作用很关键。①不论什么情况都要先“合”对方，“合”不好就不成，“合”是第一位的。②在一般情况下，“合”的方式是用“小圈”或“无形圈”，即用意全身整体下沉做“引进落空”（熊鹰合形）之势。③“合”的时机最关键，早了被对方发现，迟了则被对方抢去先机。如在与人近距离交手时，要在对方前脚未落地之时“合”之，若其前脚已落地，那他就先沉下去了，再“合”就晚了。

2. 引、化、拿、发四个字，用在实战分两个阶段：①与对方未接手之前或刚接手之际为“引进落空”阶段，此阶段完成引、化对方之力。②引化之后即用拿、发，这个阶段是将对方先缠丝后发之。以上两个阶段都是在瞬间完成。

3.“引进落空”的引进，分“大圈”“小圈”“无形圈”三种形式。“无形圈”是用意划圈引进。用大圈引进，其动作形状较大，要注意把握好，否则，易被对方跟进。这三种形式是区别不同情况使用的，根据对方的气势形态、进攻速度快慢、力量大小而定，都是用来引化对方之力。

4. 发人常用的几种方法：①引进落空。②截劲。③擎引松放。走空劲的几种方法：①用内劲“空”。②用内劲加神意“空”。③用神意“空”。用神意“空”最难。

2010年3月6日王老师家

王老师说：

1. 走空劲，关键是把握好机势。在对方欲动之时“合”上，早一点或晚一点都不行。要点有二：其一，必须保持透空无为的中定状态；其二，必须在对方刚起意时“合”之。

2. 太极功深者，体现在虚无气势上。虚无气势对劲大且会找劲（通称为僵柔劲）的散劲者也管用，因为虚无气势能罩住对方，使之找不着劲，有劲使不出来。

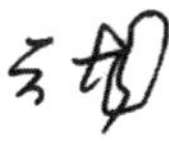

2010年3月13日王老师家

王老师说：

1. 向己身侧后化发对方来力，常用的几种方法：①沾而走之。即“合”后以肢体（手等）接触对方并顺其力向体侧后引化走之。“合”是把对方作为自己的身体，意念将对方当作己体的延伸。②空而走之。即意将内劲从脚底自下而上，如龙卷风那样猛烈向己身侧后卷走。③採而走之。即以手或臂採住对方向体侧后发之。

前两法对吃神意气的整劲者有效；后一法对散劲者有效。

2. 自已沉下来“合”上对方，在发劲之前不能再上浮，否则，就没有太极内劲的威力了。

编者此日抄录王老师悟拳手记：

2010年3月12日下午5点30分，看电视转播，刘国梁评论马龙与张继科打乒乓球的状态时，讲到乒乓选手要定、要静，这样才有状态、有气势，静要静得听不到场外的呼喊嘈杂之声。此论与太极之道相合，吾有所感悟记之。

1. 太极拳与打乒乓球一样，决定胜负的要素是：①要定、要静。②要有状态，有气势。凡是高手都能冷静面对任何局势和情况，既能定又能静，因而有状态、有气势。这种状态与气势，会使对方不能定、不能静，且无状态、无气势。

2. 透空无为中定，对方一来，吾合一前进，周身一家前进，与对方接触点要大松，一点儿力也没有。这样，不论对方有多大力都挡不住。

2010年3月18日王老师家

王老师说：

1. 什么是太极状态？有中定才是太极状态。因为有了中定，就会自然“合”对方。如对方从身后袭来，我虽看不到对方，不能用意“合”之，但当对方击我背部时，我之透空无为的中定状态，就会自然“合”之，并周身一家发之。

2. 虚无气势，是体内真气能量的转化。真气愈足，虚无气势的威力愈大，其神形合一就好。因此，我总结了一句话：“虚无气势安然在，神形合一自然成。”凡虚无气势好的太极拳大家，能使外力者自然起根，对方既摸不着又发不出力。神形合一发劲，如同黑夜中一道亮光骤然而至，使对方惊心动魄，这就是太极劲打人于不知不觉之中的奥妙。

3. 推手练习以“粘、沾”之劲克外力：①对方双手来拍我双拳，我走粘劲，注意要不即不离，既不顶又不离开对方。②对方双手来拍我双拳，我适时合之并借其力不即不离向自身侧斜上沾之，使其向身侧后空去。此法重在松，只有松，才能沾住对方。

4. 推手练习手拍对方发劲两法：①以双掌自下而上拍对方双臂及双拳，带擎引松放之意发之。②以双掌微向下拍对方双拳松放发之，当一拍对方之拳时，其自然反应双拳向上微抬高，我则借其抬高之力发之。此法注意两点，一是向下拍不能过，太重易憋死劲，使对方没有反力向上抬；二是向下拍与借力发是一个劲，不能分为先朝下后朝上用劲。

编者此日抄录王老师悟拳手记：

几天前，与孙纲推手之后悟劲。

对方在你身上摸不着，似捕风捉影，这是个好劲！如果对方摸着你又突然没了，使其一头扑空，如坠深渊吓一大跳，这是上乘劲。要多悟多练，直到澄心定性，进入化境，乃真神也。练到此劲，就不怕对方从身体任何部位偷袭，眼睛闭着也能自然走劲。

2010年3月20日王老师家

王老师说：

1. 发劲的走向，在大多情况下，从用神意气、走内劲，到肢体形式上，都是走斜方向，即由下而斜上，直指对方中线，动作这样做，用意也这样想，意到气到。

2. 学习走空劲，大概有两个阶段：①初级阶段，用意“合”。即意“合”意——当对方动意之时，我以意合而走之。当对方刚动意之时，其外形必有变化，而我以意即时“合”之，对方却发现不了我。此法之核心是意“合”空之。②高级阶段，无意“合”。即什么都不想，当对方到我跟前或已推着我身体了，我突然空之，因我开始什么都不想，什么也没有，对方什么都觉察不到，而当摸到我之时，被我在瞬间自然“合”而空之，使对方如同掉进陷阱里。此法之核心是在瞬间松化对方之来力，使其什么也摸不着，这是应物自然的高级阶段。

2010年3月30日王老师家

王老师说：

1. 推手练习走空劲，有以下几种情况：①以神意“合”而空之，使对方靠不上我身即扑空而去。②对方按到我身上如同推门帘子一样被“空”走。③走“轴承”劲，即当对方按我身体一个点，我顺借其劲力如同轴承一样转动带走对方。④用手接触对方，以神意加内劲“合”而走之。

前三法为上乘劲，对吃神意气者威力大；后一法为普通走法，对整劲和散劲都管用。

2. 用意走劲如同滚“气球”：①如向前发劲时，随着自己前脚掌的落地，犹如一个气球由脚底从里向外滚动而上向前走之。②如向后走空劲，意由脚底开始滚“气球”，由下而上、由前向后（与发劲时“气球”转的方向相反），随着转体向后走之。

以上两法，都是用意缠紧滚动“气球”，细胞拉细胞，拉得越紧越好，即用意越浓越好。滚“气球”的过程是在瞬间完成的。关于滚“气球”这个说法，是我个人在实践中感悟的，这个比方对不对，还需要今后细细研究体悟。

3. 太极的虚无气势好比是水，与之交手的对方好比是船，虚无气势状态越好，水就越多，船就随水漂动。这里所指船随水漂动，是太极的虚无气势覆盖了对方，使对方起根了，如同船被水漂起来一样。

2010年4月6日王老师家

王老师说：

借对方之力，拔对方之根。

2010年4月8日王老师家

在王老师家，我向王老师请教怎样把握“合”。

王老师说：

“合”，很难用语言来说清楚，只能靠个人感悟。我体会主有以下几点：

1.“合”的前提是透空无为，保持有中定、无想法的状态。

2.“合”的“时机”很关键，早了被人发现，晚了失去战机。这个“时机”，是凭个人的感知去把握，感觉合适了就“合”。前提是先什么都不想，感觉“合适”的瞬间，意念即松沉，将腰与腰椎下沉画个小圈，以无形圈来引化对方，使对方与我合为一体。此时，若对方听劲细，便会感觉到自己已起根。

3.“合”后发之或空之。

2010年4月17日王老师家

王老师说：

1. 所谓“冒尖”，就是发劲中开始用内劲发，但由于怕发不走人，随后又用手加了力。而后加的那一点儿是拙力，就是“冒尖”，容易被对方当作拐棍抓住。实际上，“冒尖”就是劲儿不整。解决“冒尖”问题的方法是，由脚底下来劲，整身齐发，一个劲，绝不能在手上加东西。

2. 放劲与空劲，都是用意“滚气球”。这两个劲很难用语言表述清楚，只能靠实践感悟。我体会着大体概念是这样，发放劲是由内向外、由下而上往前滚动“气球”；走空劲其滚动方向则由前向后，同样由下而斜向上往己身侧后滚动“气球”。

3. 克对方之力，不是靠内劲大小，决定因素在于阴阳转换。杨禹廷大师讲过，不以功力胜人，而靠阴阳变化。练拳是练内劲，内劲越足越好，这是个基础。而能否克敌制胜，则靠阴阳变化。比如对方来三分力，我不是用大于三分之力应对，而是以阴阳转换来运化反击。正所谓“练就千斤力，只费四两功”。尽管练到千斤以上的内劲，但用时只需少量内劲就成功了。例如，杨禹廷90多岁都能与徒弟推手，不是靠内劲，而是靠阴阳变化和虚无气势。

4. 杨禹廷大师讲过，脚底下有太极，脚底下分阴阳，把练太极拳比作练“太极脚”。我认为，这个比喻很好，很恰当，也很重要。你“合”上对方了，脚底就分阴阳了。

5. 杨式太极拳与吴式太极拳的四正打轮有一点不同，在做挤动作时，杨式太极拳内搭手是手心搭在前臂上，吴式太极拳内搭手是手背搭在前臂上。我认为吴式太极拳的方法比较灵活，可以随时转换。这种说法只是我个人的体悟，不一定对。

6. 与人推手，若遇高手，一搭手就感到自己“势背”，这说明对方的虚无气势已盖住你，你已“起根”了。

2010年5月1日王老师家

王老师说：

怎样发松化鼓荡劲？当对方双手全力来按我胸部，我合而松化，然后全身整体鼓荡发走对方。这里的松，不是对方按我那个部位就松那个部位，而是全身松沉化其来力。这里的鼓荡，不是对方手按我胸部就鼓荡胸部，而是由丹田鼓荡带动周身一家鼓荡。按哪个部位就鼓荡哪个部位是局部鼓荡，是自动，也叫“鼓秤砣”。

2010年5月4日王老师家

王老师说：

1. 太极拳变化无穷，它的变化是因机势而变，应物自然，而不是什么固定的模式，更不是提前准备什么。但总结一下在实战中的规律，有这么几点可供参考：①保持常态中定。②用好引、化、拿、发。③神意并用。④转动气球。

2. 局部发力是本力，全身发力为内劲。一般人通常都是局部用力，发出来的是硬力。练太极拳是周身一家走每个式子，一动无有不动，这样练的是内劲。在实战时，是周身一家发力，发的是内劲。因此，不论是日常练拳架、推手等，还是用于实战，都要周身一家齐动整发，这才是太极的真东西，才有威力。

2010年5月6日王老师家

王老师说：

1. 对身体块头大、力量大，而且看起来又较松软的对手，可区别情况与其接手：①对方像猛虎般扑过来，我自然放松，什么都不想，特别是不能受对方气势的影响，在此状态下，瞬间骤然自我抱团（此举亦称“自己打自己”，就是神形合一），继而全身鼓荡发之。②我先把杂念或挂记等都丢干净（这一点很重要），然后与对方“合”而化之，将自身炮台安好，与对方触之即发，没有空隙，此为引进落空合即出。

2. 练习走鼓荡劲，当对方双手用力按我胸部时，先是全“给”他，松化好，使他按不到实处，继而全身整体鼓荡发之。

2010年5月8日王老师家

王老师说：

1. 走沾劲，特别是对松沉者走沾劲，必须在透空无为的状态下，适时合之，集中意气由脚底翻江倒海而上，似龙卷风那样拔其根而空之。又如同自己面前是座山，我以很浓很浓的意将其由下而上搬走。

2. 关于“藏”，八卦、形意、太极都讲藏。藏之愈秘，放弥六合。藏时似如来，没有霸气，安详平和，神不外露，气透在体外；放时同罗汉，没有惰气，神意气并用，全力以赴。

2010年5月11日王老师家

王老师说：

双方交手，在刹那间“合”好对方，是决定胜负的关键。而能否把握好“合”，既有个人的功力因素，又有把握“合”的机势因素。①功力是基础，必须透空无为，保持中定状态。②必须掌握好意“合”机势。拳论曰“阴阳合一意占先”，所谓“意占先”，我体会，就是对方刚动意我即“合”。早于对方动意之合，就会有形有相，提前暴露了自己，易被对方抓住。迟于对方动意之合为惰气，那样对方先沉下去就变为主动。千万注意这个“意占先”，既不是先于对方之意，也不是迟于对方之意，而是抓住对方意欲动体微动之机，我即全身整体松沉“合”之。这里所指整体松沉，主要是体内的松沉，可以是用意并带身形微下沉，也可只是用意松沉而身形没有变化。这个短暂或瞬间完成的有形或无形的动作，就是意“合”。

2010年5月30日王老师家

王老师说：

1. 我体会，在用转气球的方法走劲时，应注意以下几点：①沾劲，气球是由脚底向后上方转动，转的过程中，前脚尖可微抬起。②粘劲，气球是从脚底开始，由下而上向前方转动，前脚脚尖不抬起，转的过程中，前腿自然向前弓步推之转动。③如果对方发粘劲，那我用沾劲向身侧后空去，双方转动气球方向相一致而走之。但若我同对方一样发粘劲，我则必须通过引化对方之来力，且转换对方的气球方向，使双方劲力一致，气球转动方向一致。太极劲看不见、摸不着，也很难用语言说清楚，只能靠感悟去体会。

2. 太极图，阳中有一个点是阴，阴中有一个点是阳。这一个点是“阴阳鱼”的“鱼眼”，它很神奇，寓意阴中有阳，阳中有阴。对方来劲为阳，是实的。我通过引化将其由阳变阴、由实变虚、由动变静，这个过程就是找“鱼眼”，把握了“鱼眼”即拿而发之。

3. 接对方之劲，必须先引化。如果不引化，接手就拿发，会不得劲。太极每个招式都有引化拿发，是用一个圈完成的。若没有引化，缺了半个圈，就影响了太极的威力。

4. 神要藏得住，发劲前什么都不想，将神和意都藏起来。发劲时，集中神意加丹田鼓荡一齐上。太极拳不论练多少年，练的都是“气宜鼓荡，神宜内敛”这个东西。

2010年6月7日王老师家

王老师说：

在推手练习中，注意体会以下几点：

1. 对方用双手来箍我双臂，我先松化再转腰沾而走之（王老师在现场演示，吕孝丁与宋深厚分别在前后用力箍老师上体，都被同时空走）。

2. 对方用双手箍住我双臂后，既不动又不发力，我仍然先松化“合”上对方，然后用齿轮咬齿轮的劲转腰走之。如果“合”不上对方就自己转，那是“自动”，这样便转不动对方（针对我在现场推手走劲中出现的问题而讲。如，吕孝丁箍上我后不发力，我未“合”好他就自动转身，结果走不了）。

3. 在虚无气势状态下，以沾劲走对方有两种形式：①我将“兵”部署在自身外围，当对方动意时，即“合”而拔走之。此法不接触对方肢体，对吃神意气者管用。②我将“兵”部署在自己近身边，当对方动意时“合”之，待对方摸到我身体时沾而走之。此法既要让对方摸到己体，又通过松化使之感觉没摸到实处，使其“起根”随我转走之。

4. 发太极劲，绝不在肢体外形上用力，主要用心意发劲。心里一想，意到气到。相反，你只要一想用手，手就硬，就影响气通。所以说，用心意走劲，才是真正的太极劲。

2010年6月14日王老师家

王老师说：

1. 以往在与学生推手时，我多数是神形合一发劲。今天，与小宋（深厚）试验体悟了一个劲——意打。意打，就是既不用神（王老师闭着眼睛），也不用形，只用意。如，意在头顶部打，意在后背打，意在后腰部打，意在手指打等，只用意，意到气到。用意打，必须意念集中，丹田鼓荡。当然，意打发出的内劲，只有对内气敏感的人才能感应到，这只能在推手练习中体会。在实战中，特别是应对外力，必须是神与意加内劲一齐用。

2. 所谓“无意之意是真意”，我认为这“无意”，就是能在瞬间丢得净、藏得住。即把杂念想法都丢干净，什么都不想；把外在的架子、形与相等东西都藏起来，什么都没有。丢净与藏住是因果关系。只有丢得净，才能藏得住。这种状态，对方看不见、摸不着。这种状态与对方阴阳合一后发的劲，谓之无意之意是真意。

3. 太极图的阴阳鱼很微妙，也很科学，太极拳的所有东西都包含在这里面。真正明白了拳理的人，才能看懂这个图。同理，能看懂这个图的人，也就对拳理有一定的理解。

4. 练拳架，保持松沉，意从骨头里向外松，一松到底，这样练拳养气，能够气达四梢。

2010年6月15日王老师家

王老师说：

1. 所谓“合”对方，就是与对方阴阳合一。只有“合”好了，对方才能“起根”。

2. 走“西山悬磬”劲，不要与对方“顶”，就是既不能让自己的肢体挡了对方，也不能用眼睛去盯对方，因为势顶、劲顶、神顶都不成。当“合”上对方后，顺其力如同滚球从自身一侧走之。

2010年6月24日王老师家

王老师说：

1. 要始终保持好太极状态，发完了劲也是太极状态，千万不能发完劲肢体变硬了，因为肢体一硬，就没了中定，丢了太极。

2. 发劲如放箭，一发全发，若发一半又收回来，就没有威力了。

3. 站桩、练拳、推手，如同与异性相抱，找那种融洽的感觉。因为有了这种感觉，才是中定的状态，才能透出浑元气来。为什么说站桩美、练拳美、推手美？比如在练推手时，发劲者与被发出去者都感觉很舒服，这说明状态对，能互相养气。

4. 虚无气势、神形合一能将散劲打整。虚无气势与神形合一练到一定程度时，不好对付的散劲、硬劲等都能克得了。

神

2010年6月26日王老师家

王老师说：

1. 走“定劲”，就是神、意渗透加缠丝，以神、意为主。在松沉状态下，神与意集中到对方身上，神、意到则气到劲到，就拿住了对方的劲路，“定”住了对方，使之“起根”，对方感觉不得劲。若对方反抗，就借力发之。

2. 走“定劲”，需要手作为外形接触对方肢体，要随对方之变而变。注意几点：①必须透空无为。②神、意加内劲一起走，但以神、意为主，集中神、意，“吃”透对方。③“吃”住对方后不能懈怠，也不能后撤，若有空隙就会被对方利用，神、意要始终“拿”住对方。

3. 神、意与内劲一起走劲，发得轻快，而且对方感知不到。若仅以内劲发人，也能发走对方，但会越发越感觉重，因为对方感知到来劲后便找劲应对（当时王老师与学生宋深厚推手验证用内劲发人的效果）。

4.（当日，王老师针对我练“搂膝拗步”的式子讲）前按手掌找膝盖后，即抬后脚跟至脚尖离地一寸时，要立顶竖腰，随之松腰、松胯将后腿向前抛；前抛之脚下落时有如履薄冰之感觉，亦有随时可收回此脚之感觉，这样有利于练中定。据说，杨禹廷当年练“搂膝拗步”这个式子，能走出很远，然后再练“倒撵猴”返回，多练练这两个式子能长功力。

2010年7月4日王老师家

王老师说：

发劲时，意将里面的东西由脚底而上，如同气浪一样向对方滚去，感觉很浓很浓的。但手上不能带“形”（这个“形”指带东西、有拙力），有“形”会阻止内气的贯通。我今天是第一次将神意气比作“气浪”来讲，不宜写出来对外宣传，因为练太极拳没有此感悟的人不会信，普通人就更不信了。

2010年8月1日王老师家

王老师说：

1. 太极推手，千万不可没有引、化、拿、发，离开或丢掉引、化、拿、发，就不是太极了。

2.太极应对外力，区分不同情况多数用了以下几个劲：上劲、借劲、截劲、空劲。

3. 练习与人掰手腕，必须开始就使对方起根，不让其掰手上的劲使出来。一般是先化拿，再掰之。

2010年8月7日王老师家

王老师说：

与对方试手，当你没有把握时，如感觉自己的功力不能覆盖住对方，那就不要主动出击，要以静制动，待对方欲动之时“合”之，再借力发之（针对前几天小宋与邹刘村一名散劲者推手的情况而讲）。

2010年8月19日王老师家

王老师说：

1. 与人交手前须保持中定状态。自然下沉，感觉全身上下左右气在流动，双手胀乎乎的。不想对方，不管对方的气势、形态等。不想自己，不做任何准备及怎样用招等。

2. 发劲时，与对方接触哪里，就在哪里化、拿、发，不能换地方发劲。若在接触点松化，又换别的点发劲，就成了两个劲。

3. 双方叉手相交，对方偷步，即将其前脚向我裆下插步，以图造成我势背。我必须在其前挪脚未落之时，自然下沉“合”之，这样沉在对方之前，使其“起根”，并将其“定”住。

2010年8月21日王老师家

王老师说：

平时给你们讲的几个太极劲，不是我的创造发明，而是借鉴太极拳老前辈的经验总结的。例如神形合一，是王宗岳祖师拳论上的观点；转气球，由脚底下上劲转气球，这是汪永泉大师讲的；走神意劲，就是刘晚苍老师讲的离沾粘。

2010年9月28日王老师家

今天，王老师与我试劲时，我走劲时引化之后缠得不紧，有间隙。

王老师说：

引化对方之后，要紧跟上“拿”，即渗进去、缠丝劲拿住对方，使之无法逃掉，然后紧接跟上“发”，使引、化、拿、发咬得很紧，瞬间完成。而要缠得紧、渗进去，必须用好意，且神形合一。

2010年10月19日王老师家

与吕孝丁、邹伟、王健、宋深厚在王老师家。

王老师说：

1. 不论是发劲还是空劲，也不管对方来劲大小，能否处理好，关键是把握好“合”的时机。要多推手、多练拳，在练习中去感悟“合”的机势。

2. 掤劲、爆炸劲，是在瞬间把自己抱紧、抱圆，抱成一个团，这样发出来的太极劲有威力。

2011年2月25日龙口市东润宾馆

与王广涛、邹志波在东润宾馆，王老师在场指导。

今天我的中定状态较好，与志波推手，沾、粘均自如；与广涛推手，走化劲反应得慢一点儿，广涛对我讲：“你还有点儿放不下我。”

王老师说：

太极拳松无底，要松透，一点儿挂记都不能有。

2011年2月27日龙口市东润宾馆

与吕孝丁、王广涛、邹志波等在东润宾馆，王老师在场指导。

今天，我的中定状态一般，与志波推手，发劲和空劲都走不好。我接下来练了一段拳架，王老师说拳架里有中定。后又经过王老师摸手喂劲，再与志波推手时，才找到了感觉，既能走沾劲，也能走粘劲。

王老师说：

你的中定状态不稳定，时隐时现，说明澄心定性不够。若练到用则有，不用则藏，那就定性了。

2011年3月7日龙口市东润宾馆

与张云峰、李殿春、张晓博、姜国良、王广涛、王东、邹志波、邓涛等在东润宾馆，王老师在场指导。

今晚，我的中定状态一般，分别与殿春、广涛等推手，走化劲时好时差。但在王老师具体指导下，初步明白了怎样发整劲，身体自然由下而上走劲，用手不想手。以往在发劲时，多是发两次劲，总是在发劲后下意识地用手再向前送一下。

王老师说：

1. 走“引进落空”劲，一般分为大圈、小圈、无形圈。这三种圈在外形表现上不一样，但都有一个核心的东西，就是松化。大圈、小圈在外形上很明显，是引中有松化；无形圈是内在的意引，意引也有松化。这个松化，就是张三丰讲的“筋骨松”，也是安“炮台”。安好“炮台”后，再从脚底下上劲，整体发劲，就是“皮毛攻”。在发劲时是全身由下而上向前整体走劲，不是只用胳膊向前送劲。

2. 劲起根在脚，主宰于腰，形于手指。这个过程中，腰部很关键。松腰、松命门，就是把腰的大闸拉上，脚底下的劲才能上来。拳论讲“上下相随人难进”，我理解，就是上下能连起来，内气能通上来。总之，都离不开张三丰讲的“筋骨松，皮毛攻”。当对方打过来，先是“筋骨松”，再是“皮毛攻”，用好这两点就成。

2011年3月11日龙口市东润宾馆

与张云峰、宋深厚、姜国良、邓涛、王广涛、邹志波、王东等在东润宾馆，王老师在场指导。

今晚，我与志波推手，开始空不下去，后来志波给我喂劲，逐渐找到了感觉。走空劲时什么都没想，这样走了几个好劲，但后来手上带力了，便又丢了中定状态。由此可见，保持中定状态很重要，需要强化练拳推手。

王老师说：

练习太极推手，“松命门”很重要、很重要。

2011年6月8日龙口市东润宾馆

与吕孝丁、张云峰、邹伟、王东、王广涛、王健等在东润宾馆，王老师在场指导。

王老师说：

打“上劲”有两种方式：①手掌打到对方胸部稍停顿，要出对方反力，即化而走之。②手掌打到对方胸部不停顿而将对方发走，用的是“神形合一”，“神”打使之受惊而肢体变硬，对方没有机会反抗。

2011年9月8日王老师家

在王老师家，王老师指导我正拳架，与王东练习推手。

与王东推手的体会，不论是对方喂劲我发劲，还是对方发劲时我给回劲，都必须做到心静、体松，不想对方，不做任何准备。当对方刚动意之时我“合”之，对方出手之际我已发之，做到这样就管用。

王老师说：

1. 我近期一直在学习、体悟清代杨氏传抄老谱的《太极空结挫揉论》一文。我体会，文中讲的“揉”就是“化”，“挫”包含“拿、发”。“揉”与“挫”的具体用法，可以理解为在推手中的“引、化、拿、发”。我认为，有一点很重要，就是在“揉”中加“缠丝”，拿住对方后再挫（发）。对付个别人的僵柔劲，必须“化”中加“缠丝”，拿住后再发。

2. 两人掰手腕试劲，应先化，再拿，后发。

3. 练拳架时，落脚前，应有“试探”之意，似乎怕烫着脚，这样利于练“中定”。

2011年9月21日王老师家

在王老师家，邹伟、宋深厚、王东、王广涛、王健等在场。

今天，我分别与广涛、王健四正打轮，走“化劲”较前段有所提高；与王东走“发劲”，也有所进步；与深厚走“发劲”，他给回劲时，有时能成功反回，有时顶劲，也较前有所变化。

王老师说：

用太极内劲掰手腕注意以下几点：①对方来的力要化好，让对方摸不着。听劲要准、要细，力点在哪儿就化哪儿。②边化对方力点边缠拿。③走劲，其成功与否在于前两点能否化、拿好，须紧凑，“咬”得要紧，若化与拿之间稍有间隙，就走不好。如果对方听劲细，就会拿住我之缠拿点。我的化为半个圈，缠发为半个圈，对方同样又来两个半圈。这就是双方在交手时圈中套圈，环中套环。

2011年9月25日王老师家

今天，蓬莱市李军（王老师的学生）陪同北京韩杰夫妇等人来龙口拜访王老师。吕孝丁、邹伟、王国庆、宋深厚等先后与韩杰试手。

王老师说：

韩杰是北京马长勋老师的徒弟，跟随马老师学拳很长时间，还曾陪同马老师去日本教拳。今天他与小宋、孝丁、邹伟、国庆等试手，我看他走的劲很不错，内劲很好。

你们今后要注意，在与人交手中，“引、化、拿、发”都不能少，这是杨式太极拳走的路，我们要照着这个路往下走，不会有错。

2011年10月2日王老师家

王老师说：

记得有一位太极拳老前辈讲过，不推万人不足以推一人。从我经历的试手情况看，在多年前，有体重二百多斤又会点儿功夫的汉子我处理过，但个别时候遇到一百多斤的却又处理不了。我体会，与人交手时的状态很重要。如果不在状态，或者虚无气势覆盖不住对方，就很容易丢了太极。没有太极的中定和虚无气势就一事无成。所以，有一名先师曾讲过，千万不可离太极。那么，怎样才能不离太极呢？我想，关键是在任何情况下与人交手，意不能在手上，也不能在头上（指有想法），而是在全身上下贯通，意松命门，将身上的东西都落到脚下。近段时间，围绕如何保持中定状态、神意气打人、打拳练中定等，我写了点儿感悟的东西。

2011年11月14日王老师家

王老师说：

推手练习放劲与实战中用的劲是不一样的。推手练习的放劲，尽管被打者蹦出丈外，但却不感觉疼；在实战中打的是松沉劲，打到对方体内，对方会感觉很疼，甚至被打倒。

2012年2月13日王老师家

今日，在王老师的指导下，我分别与王东、邹志波推手的效果不错。①与王东练习掰手腕、打上劲、走空劲都可，但王东发劲时，给他返不回去，思想上还有顾虑，丢不下。②与志波推手，走截劲、空劲、爆炸劲都可，其中王老师点评时讲，爆炸劲走得不错，但引进落空劲和擎引松放劲都走得不够好，能被志波打进来。

王老师说：

1. 引进落空，包括用大圈引进打劲尾，用小圈引进打劲头（也为截劲），以及爆炸劲，这几种走法都包含了引进落空的内容，即引、化、拿、发。

2. 走擎引松放劲，“擎”是引化，“松”是拿，“放”是打。

2012年2月28日龙口市东润宾馆

在东润宾馆，王老师在场指导。

王老师说：

杨式太极拳老前辈发明的引、化、拿、发就是管用，是个宝贝。应对外力，每个劲都离不开引、化、拿、发。与对方一搭手的瞬间，先是引、化，将对方来的东西化掉，使之起根；紧接着是缠丝（拿），要缠紧，不要打“秃撸”，用意缠而不是用外形；最后是发，这几个要素都是在瞬间完成，不能有停顿或间隔。

2012年8月12日龙口市东润宾馆

在东润宾馆，与邹伟、王可军、王健、王广涛等，王老师在场指导。

今天我与王可军推手，练习走沾劲，有时腰胯松好、下去了，且周身一家走劲，就能“沾”起可军。有时腰胯松不好，“自动”走劲就“沾”不起对方来。

针对以上情况，王老师边示范边讲：“必须全身松透，保持中定状态，先用意去‘吃’对方，使他‘起根’，并要借其反力再走劲。”

2012年12月16日王老师家

与李绍臣、邹伟、孙行发、王广涛、王健、邹志波、王可军、王东等在王老师家。

王老师说：

1. 推手时，脚呈川字步形，上体略前倾，这样气顺、气贯通，而且上体有回旋余地。

2. 我天天给你们讲松腰，但我近来发现，若你不在无极状态，想松腰也松不下来，不管用。只有在无极状态下，松腰才管用。你们推手可做这样的练习，对方猛力来推你，你在无极状态松腰对方会自然弹出，而且来力越大，被弹得越远。松腰要把握好机势，松腰的机势就是“合”对方。

3. 我体会，保持透空无为的状态有三个要素：①对方在自己面前要“视而不见”。不要瞪大眼睛看对方，更不要专注对方，而是雨雾濛濛地感知对方，只看个轮廓、看个身影即可。这样与对方的神不顶、气不顶，自己在心理上不受对方形与相的影响。②与对方相对，对其发出的任何声音都做到“闻而无声”。即不去考虑对方讲话的内容，不去管对方声音的大小，不受对方任何影响。③对方摸到我身体时，使之“触而不觉”。即我保持透空状态，通过松腰将对方触摸我身体的来力化掉，使之摸不到任何东西，感到一片空虚。

2012年12月29日王老师家

王老师说：

1. 走定劲，在“定”对方时，要走一个劲，不要分成两个劲，要先化后拿，用神意气“吃”住对方。

2. 练习“一指拉劲”注意两点：①先松腰化对方的挣力和握力，使对方什么都握不到，只要一用力就“起根”。②松腰后要接着缠丝“拿”对方。一定要有“拿”，不“拿”对方就秃撸了，要用意、气和劲一齐拿，但以神意气为主。

2013年5月18日王老师家

与吕孝丁、邹方敏、孙行发、宋深厚、邹志波、王广涛、王可军等在王老师家。

王老师说：

我体会，太极劲的特点是劲贵纯，合贵妙，惊弹冷炸自然到。分开来说就是：

“劲贵纯”，是指发出的劲要纯，是整劲，没有其他的外力。发劲是“一”，而不是“二”。若发成两下，即两个劲，那就是散劲，不整也不纯，容易被对方抓住或借劲。发劲时，前脚下落的同时松腰发劲。

“合贵妙”，是指合得适时，机势抓得准。对方刚动意时松腰合之。只要合上对方，对方就起根了。树无根自倒。合不好对方，就容易与对方顶劲。

“惊弹冷炸自然到”，是指在合好对方的基础上，神形合一加内气鼓荡，发出的太极劲具有惊弹冷炸之效。

第二部分
悟拳手迹

“不忘初心，方得始终”“闻鸡起舞，天道酬勤”，是云龙师倾毕生心血探寻太极拳奥妙的真实写照。

三十六幅《悟拳手迹》照片，演绎出一名拳修老者冒严寒、熬酷暑，凌晨时刻坐在农家土炕上，戴着老花镜，认真记录着夜有所思的悟拳心得。这一幅幅逼真的画面，所彰示的“拳痴”精神着实令人钦佩。

一、理法体会

秘诀

（1）练拳一起式（势），手上之沉劲就不能断，一断就没有沉劲了。一起式（势），腰胯丹田常（长）不上浮，五脏六腑皆自然下垂，各就各位。

全身之松沉劲、浑沉劲始终不断，贯串在拳内和打手内，是为要。以此沉劲去沾粘连随。

（2）走步练功：落步渗入粘泥中，用意慢行拉不动［太极生活走路炼（练）功法］。

（3）中定越好，阴阳合一越妙，引化拿发威力愈大。

论太极

一般说太极是无极而生，阴阳之母也。

无极是阴阳未分之混沌体。由无极一动分了阴阳，为太极。甚为抽象。

实用之太极是："太极是精意合之阴阳合一时，要舍己从人，无过不及，不丢不顶，随屈就伸，仰之弥高，俯之弥深，进之愈长，退之愈促，一羽不能加，蝇虫不能落。

如何能达到此境界？

要大松大软，达到空无的地步，得拳之体的"中定"，得之内劲，得之浑圆劲浑圆气。

有了中定力，（自觉周身似大气同，落地生根）再达空无的地步，运用精意合一，舍己从人，不丢不顶，无过不及，才能引进落空，四两拨千斤。

无"为不拨，是为太极（太极）

"如果不中定，不达空无，不能达阴阳合一，不舍己从人，无过不及，也去对待对方，就永远不能四两拨千斤。

阴阳相济方为懂劲。

阴阳合一，阴不离阳，阳不离阴，阴阳互为其根。即粘走相生，粘即是走，走即是粘，是说在与对接触之一点有化有粘，有拿有打。化是阴，粘拿打是阳。所以说对手一着一太极，是说一着里有阴有阳，即太极阴阳也。

太极图之中线为阴阳相济，为阴阳混合一贯串两极融汇一炉之太极。以此线去含之从人沾粘连随才能做到人走之，发放人出。

只有搭手使敌合手不主动（为懂劲）既不能化又不能抗之劲为太极劲

论太极

一般说太极是无极而生，阴阳之母也。无极是阴阳未分之混（浑）园（元）体。由无极一动分阴阳为太极，甚为抽象。

实用之太极是："太极是渗透后之阴阳合一时要舍己从人，无过不及，不丢不顶，才能达到仰之弥高，掮（俯）之弥深，进之愈长，退之愈促，一羽不能加，蚊蝇不能落。"

如何能达到此境界？要大松大软，透空无为地去练拳。久之练出"中定"，练出内劲，练出浑园（元）劲、浑园（元）气。有了中定力（自觉周身似大气筒，落地生根）再透空无为地去运用渗透合一，舍己从人，不丢不顶，无过不及，才能引进落空，四两拨千斤，无坚不摧，是为太极。

如果不中定，不透空无为，不渗透阴阳合一，不舍己从人、无过不及地去对待对方，就永远不能四两拨千斤。

阴阳相济，方为懂劲。

阴阳合一，阴不离阳、阳不离阴。阴阳互为其根，即粘走相生，粘即是走，走即是粘，是说在与敌接触之一点，有化有粘，有拿有放。化是阴，粘拿发是阳。所以说，妙手一着一太极，是说一着里有阴有阳，即太极阴阳也。太极圈之中线，为阴阳相济，为渗透合一，贯串两极，融汇一炉之太极。以此线去舍己从人，沾粘连随，才能吸的（得）人起，发的（得）人出。

只有搭手使敌拿不出劲儿（为懂劲）、既不能化又不能抗之劲，为太极劲。

《秘诀》
没有透空无为，就没有中定；
没有中定就没有虚无气势；
没有虚无气势就没有覆盖力（劲）；（劲）
没有覆盖劲敌就不起跟；
敌不起跟，就无法沾粘连随；
没有沾粘连随，就不会引进落空；
敌不起跟不落空，就不可能四两拨千斤。
∴中定愈好，虚无气势愈浓厚，覆盖劲愈大从而沾粘连随好，引化拿发妙，从而走向无坚不摧。

秘诀

没有透空无为，就没有中定；没有中定，就没有虚无气势；没有虚无气势，就没有覆盖力（劲）；没有覆盖劲，敌就不起跟（根）；敌不起跟（根），就无法沾粘连随；没有沾粘连随，就不会（能）引进落空。敌不起跟（根），不落空，就不可能四两拨千斤。所以，中定愈好，虚无气势愈浓厚，覆盖劲愈大，从而沾粘连随好，引化拿发妙，从而走向无坚不摧。

练拳：① 浑元劲 练好手上那头劲是不断的起式到收式

② 腰胯劲不断去中定。"悟"细细地悟

③ 练拳起式就有，周身空间的感觉 这个感觉一直保持到底，就用意念跟着感觉走"悟"细细地悟。

④ 松无底，静无底，细无底。

细无底最难，要细细地悟拳找你悟得合适、会那个，练一生细细地悟一生，这说一生无止境，练一生不到者也是常事不会苦练一生 在我成就就不错。想练到一个时代顶峰 没有大悟，大功，大德，大造化，这样人才几百年不出一个，几百年就出一个杨无敌。

为什么要细呢"差之毫厘谬之千里"。所以要静静地、细细地砸在拳里找这一找美好的感觉，要意念跟着感觉走。

2004.11.28.晨。

练拳

（1）浑元劲行于手上，那点劲总不断，由起式（势）到收式（势）。

（2）落脚劲不断去求中定。“悟”，细细地悟。

（3）练拳起式（势）就有周身气筒的感觉，这个感觉一直保持到底，所谓意念跟着感觉走。“悟”，细细地悟。

（4）松无底，静无底，细无底。细无底最难。要细细地悟拳，如何炼（练）的（得）合道。全靠个（人）练一生，细细地悟一生。所以说，艺无止境，练一生不到者，在（比）在（比）皆是。穷追不舍，苦炼（练）一生，有所成就就不错。想炼（练）到一个时代顶峰，德（得）有大悟、大功、大德、大造化，这样人才几百年不出一个，几百年就出一个杨无敌。

为什么要细呢？因为差之毫厘，谬之千里。所以，要静静地、细细地醉在拳里找道，找美好的感觉。所以，要意念跟着感觉走。

2009年11月28日晨

内心一有魔相（令人心烦快乐不安。）

时要：内心安泰、平和，祥和地从内心开发

到魔相在内心无立足之处，从而周

身舒服、心花开放，妙不可言。

（时内心在暗暗乐哈哈地、美滋滋的）

太极有心慢，无心快

大松大软慢慢地练，用时极快，

若人于不知不觉中真神速也。

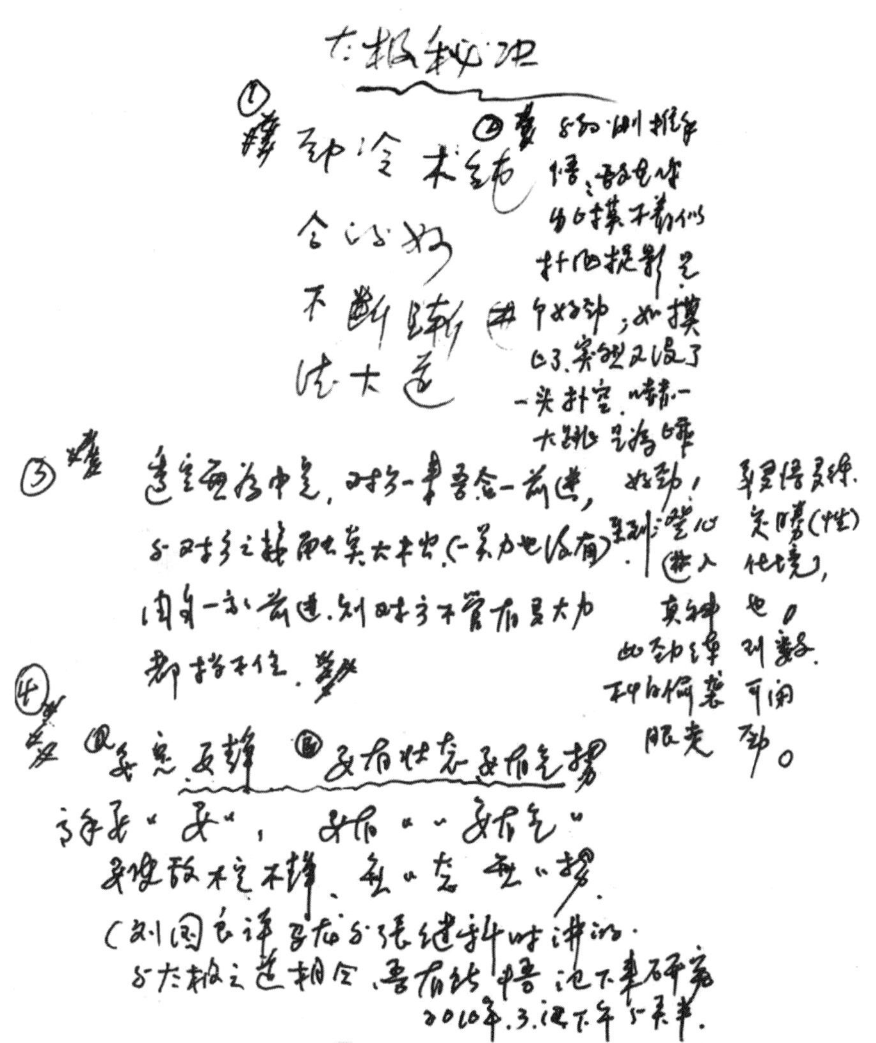

内心一有魔相，本人则烦躁不安。

时要内心安泰平和，祥和地从内心开放，则魔相在内心无立足之处，从而周身舒服，心花开放，妙不可言。时内心、面容皆乐哈哈地（的）、美滋滋的。

太极，有心慢，无心快，大松大软慢慢地炼（练）。用时极快，打人于不知不觉中，真神速也。

太极秘诀

（1）劲冷，术纯，合的（得）妙，不断渐进得大道。

（2）与孙刚（纲）推手悟：敌在你身上摸不着，似扑（捕）风捉影，是个好劲。如摸上了，突然又没了，（对方）一头扑空，嚇（吓）一大跳，是为上乘好劲！要多悟多练，至（直）到澄心定胜（性），进入化境，真神也！此劲练到数，不怕偷袭，可闭眼走劲。

（3）透空无为中定，对方一来，吾合一前进，与对方之接触点大松（一点力也没有），周身一家前进，则对方不管有多大力都挡不住。

（4）要定，要静，要有状态，要有气势。

高手要定，要静，要有状态，要有气势。要使敌不定，不静，无状态，无气势（刘国良评马龙与张继科时讲的，与太极之道相合。吾有所悟，记下来研究）。

2010年3月12日下午5:30

道艺① 秘诀

胯时撑寸指说之认真，上下相随人难侵

所谓上下相随，是丈气当道，是命门松到涌泉，即：

是腰胯松到底，使身体全通气

所谓用分一分完下气。

用————气

又称，上接 何处 何处随化

随领随发 所以说："相

上下相随人难侵"

秘诀

"认真悟之"

2011年3月28夜悟

②"道艺"秘诀 内有学外有情 内有学是指命门(腰)松到底(涌泉)，外有情是指腰松到底气达四梢，使拳招手可觉到气的运行，从而四梢之气表现情感万千(使别者可体会到情感万千之美。所谓内有学外有情是也

所谓刻刻留心在腰间，腰内松静气腾然。

在传拳招手中 腰松到底 身形才有气感万千 好不可言，美极了。

"道感"（1）

掤捋挤按须认真，上下相随人难侵（进）。所谓上下相随，是大气贯通，是命门松到涌泉，就是腰胯松到底，使身体全通气。所谓周身一家，完整一气。周身一家，完整一气，对方挨何处，何处能化、能拿、能发。所以说，上下相随人难侵（进）。认真悟之!

"道感"（2）

内有景，外有情。内有景，是指命门（腰）松到底（涌泉）；外有情，是指腰松到底，气达四梢。练拳、推手可觉到气的运行，从而四梢之气表现情感万千，练到者可体会到情感万千之美，所谓内有景，外有情是也。所谓刻刻留心在腰间，腹内松静气腾然。在练拳推手中，腰松到底，身形才有气感万千，妙不可言，美极了。

2011年3月28（日）夜悟

无极而太极 醒悟篇

无形无相全体透空，空洞无物一无所有为无极。

非将萌动为太极，生生不息阴阳合一变化万千

无坚不摧为太极。云说：无极无底洞，万物皆空无。
太极非将萌动则泰山崩溃

出手就千斤力只在の用工力　仍像龙卷风惊弹无

"光"
无形无相，全体透空，无物自然，西山悬磬。

"光"无形无相全体透空（无我无他）

"光"很难得，克经常有做，体会着对手很得不到手

"光"真到手，可使对方看不见你，在你身上得使劲

无着力点，如"光"不对，对方就能把他打出，只有

光到手，彼微动你了如指掌，可达到彼欲动

己先动，你先他彼欲动己先动，达到无物自然

有些人他有形相，全身你有形相达不到"光"

这样容易被他挤，就有着力点，也就使人他有

着力点，使你很难使得上劲（你们学生常爱

作光的动作，他们之所不影响你"光"

你的"光"很对，你"合"的也对，对方就能

出手来，说灵心定性他无所，无形无相

无他，视本来见。（达到真正的"空"

达到真正的"空"，真正的澄心定性。

很难很难，"细心地悟之"

①无为无不为之自然劲，任何状态

②无为之为，真为之太极劲，任何状态

心无不空，一有所求则不是

所谓澄心定性，定性就是定"空"，不管在什么

场合，遇到什么人，总能达到无为，才能一合即

是太极，往往一有所求，自己不知道，已不是。

③"空"状态，是无极状态，无我无相达到

无为之状态（内空外空）达到一定（一动俱动）即

为太极，就能使对方起飞。如果不采一定是很

难的无极（空）状态，已不是，只有坚持不懈

地养气养无极状态，一即达到澄心定性，

不管情况如何变化，一律还是无极状态。

二弟说："小气势练习一种叫我飞了"，这个动作是在松紧劲，这个姿势是无极姿势……不是，"无"姿势修到一定程度，精神则①无为无不为②无为之为是真为，那就可以达到无极状态。

天地无边之间（为）的空间，一个不在为之为，空间无物为法……忘想无念，心皆…… ——无为

人一有想法就会形相，有形相就不灵。

比如对敌你想他达到无为，敌一动你就能跟随合之，这就不灵了……一想就会形相了（好觉着还是"无"，其实已破坏"无"体。已给"无极体"……不灵）。过去已经去，就丢失想对方一动我就合上，而"无"体对敌，云雾……地无我无他地看着对方（其视而不见），不想敌一动要就合，而是被敌动时要自合，这叫"无为之为"（是真为）共事。1994年于小旭单……就是这样的地一经知是什么拳他就说不出劲来，都是这样的地。对自己学生全是都是这样的地往往对外、或对有大力体重的人一有想法（想敌一动要就合）就顶不灵。我讲没完性，就这个性，一样有想法……

第二部分　悟拳手迹

功练到一定程度，以无极体对敌，敌打体体什么不想，敌自飞出。这是随动，伸缩伸开相合而自合。（但敌是散动不易）

如敌散动来打，本身以意合，会把敌人打一大跳，使敌惊心动魄，弹跳而试打似的。

2012年农历初六夜三点。这是遗憾又是也遗憾

一些运动的技艺都是中性发挥法好，比如乒乓球，本身的规律第一，一想就紧张，手松紧不自然，就有僵力，发挥不好，心里真是为打赢一想努力去做，就不可能发挥好。

二、太极动，是大道，是无为无不为也。心理一有有为，就出形相，就破坏无极体，没有无极何来太极呢。心理作理就是努力，产生紧张，差一点。写的早晨补记（2012初六晨）

无极而太极（醒悟篇）

无形无相，全体透空，空洞无物，一无所有，为无极。兆将萌动为太极；生生不息，阴阳合一，变化万千，无坚不摧，为太极。所以说，无极无底洞，万物空空融。太极兆将萌，动则泰山崩，翻江倒海龙卷风，惊弹冷炸无为中。炼（练）就千斤力，只费四两功。

无形无相，全体透空。应物自然，西山悬磬。

无形无相，全体透空（要无我无他）。

“无形无相，全体透空”很难练，它经常有假，你觉着对，很（可）能不对。

“无形无相，全体透空”真对，可使对方看不见你，在你身上无法使劲，无着力点。如“无形无相，全体透空”不对，对方就有地（的）放失（矢）。只有“无形无相，全体透空”对，彼微动，你了如指掌，可达到彼欲动己先动。你总能彼欲动己先动，达到应物自然。有些人他有形相，会影响你有形相，达不到“无形无相，全体透空”，这样，敌在你身上就有着力点，也就使人能有着力点，使（让）你很难使敌起跟（根）。你的学生常受你“无形无相，全体透空”的感染，所以，他们之形不影响你“无形无相，全体透空”。所有你的“无形无相，全体透空”很对，所以你合的（得）也对，所以对方就拿不出劲儿来。所以说，澄心定性很主（重）要。所以要搭手无我无他，视而不见，达到真正的“无形无相，全体透空”。

达到真正的“无形无相、全体透空”，真正的澄心定性，很难很难，细细地悟之。

（1）无为无不为是自然劲，但必须是无形无相，全体透空。

（2）无为之为是真为，是太极劲，但必须是无形无相，全体透空。只要不是无形无相，全体透空，一有形相皆不灵。所谓澄心定性，定性就是定“无形无相，全体透空”，不管在什么场活（合）、遇到什么人，皆能透空无为，才能一合即是太极。往往有形有相自己不知道，所以不灵。

（3）只要无形无相，全体透空状态，是无极状态，无形无相，透空无为之状态（以“无形无相，全体透空”代之），遇劲一变（一松腰胯），即为太极，就能使对方起跟（根）。如果不灵，一定是你不是无极（无形无相，全体透空）状态，所以不灵。只有坚持不懈地养气，养无极状态，即达到澄心定性，不管情况如何变化，你总是无极状态。

二弟说："小宋、燕波一碰你就飞，这个劲是太极劲。"这个状态是无极状态，所以灵。无形无相，全体透空状态，练到一定程度，能达到：①无为无不为。②无为之为是真为。难在永远是无极体。

天地无涯谓（为）窍，一念不起为功，空洞无物为法。所以，要想灵验，必须一念不起，空洞无物，人一有想法就出形相，有形相就不灵。如对敌，你想你透空无为，敌一动你就松腰胯合之，这就不灵了。因为一想就出形相了，你觉着还是无形无相，全体透空，其实已"无形无相，全体透空"无极体。已经不是无极体，所以不灵，已经丢，就丢在想对方一动我就合上。要"无形无相，全体透空"体对敌，云雾蒙蒙地、无我无他地看着对方（要视而不见），不想敌一动吾就合，而是彼欲动时，吾自合，这叫"无为之为"（是真为），所以灵。1994年对小旭东很灵，就是这样做地（的）。一（以）往（对手）200多斤搭手他就能拿不出劲来，都是这样做地（的）。对自己学生全灵，都是这样作（做）地（的）。往往对外或有大力（或）体重（很重）地（的）人，一有想法（想敌一动吾就合），则顶，不灵。所谓澄心定性，就定这个性，不要有想法。

功练到一定程度，以无极体对敌，敌打你，你什么（都）不想，敌自飞出，这是自然劲。你"无形无相，全体透空"体，不想合而自合（但敌是散劲不灵）。

如敌散劲击来，你在（再）以意合，会把敌嚇（吓）一大跳，使敌惊心动魄弹跳而出或打倒。这是迷惑多年地（的）谜团。

2012年农历（正月）初六夜三点

一些运动皆要松静自然，才能发挥得好。如打乒乓球，不要总想拿第一，因为一想就紧张，不松静，不自然，就有僵力，发挥不好。又（尤）其是打枪，意一想努力打好，就不可能发挥好。所以，太极劲是大道，是无为无不为地（的）。所以，你一有为就出形相，就破坏无极体。没有无极何来太极呢？所以既明理，就要努力磨炼，要万无一失。

2012年（农历正月）初六当日早晨补之

（一）阴引阳搭分得蓄劲，

阳〃〃〃（即阴阳合一）

阴阳合一之内容是敌我之劲相合

就是其中两极，（敌我各是一极，即阴阳两极）

合一了就是其中两极，融为一体。

此时浑然合一，其中两极融为一体

合一的内容是引化舒发四个字。

敌来劲要引化，于圆舒发于圆，这样敌我

两劲浑然合一，成为一体，把敌打出，

好生自然自在，（就是不加意地运动）

所以高级地运地运用"阴阳合一"（即引化、舒发）是无为完成。所以以无为无

本为，也以无为之为是真为（也就是浑然

合一，不想引化舒发，即自然形成）合一

悟之悟之，深深细细地悟之。这是这

2012.2.13晨完了笑！

（二）、练速空无招：

① 取来飞劲，出理，练无招

收放打出，是无招无术招之打法。

如：出无胜、小胜小拳、等

② 取来截劲为练到精候 练法再加意阴阳合一才是。（此无招之招）

如果取来截劲 练到本身另加意

即阴阳合一，那才是真正的无招无术招

真正地体会之性，才是真正地

无招无术招

达到如能真正速空无招

一动人就飞出。（不管人侵人与

或练侵人）

2012 云龙书
2月13

（一）

阴阳相挤（济），方为懂劲。阴阳相济，即阴阳合一。阴阳合一之内容，是敌我之劲相合，就是贯串两极，敌我各是一极，即阴阳极。合一了，就是贯串两极，融为一炉。（也）叫渗透合一，贯串两极，融为一炉。合一的内容是“引化拿发”四个字儿。敌来劲，要引化半个圈，拿发半个圈，这样敌我两劲渗透合一，成为一炉，把敌打出。妙在应物自然，自然是不加意地（的）运动。所以，高级地道地运用“阴阳合一”（即引化拿发），是无为完成。所以叫无为无不为，也叫无为之为是真为。也就是不想合一，不想引化拿发，即自然形成合一。

悟之悟之，深深、细细地悟之！这是道！

2012年2月13日零（凌）晨3点

（二）

（1）你透空无为，敌来整劲打你，你无为，将敌打出，是无为无不为之打法，如打燕波、小波、小宋等。

（2）敌来散劲打你则不灵，你得再加意阴阳合一才灵（叫无为之为）。如果敌来散劲，你能不在（再）另加意即自然合一，那才是真正的无为无不为，真正地（的）澄心定性，才是真正地（的）无为无不为。如能真正透空无为，一动人就飞（不管人侵你或你侵人）。

2012年2月13日零（凌）晨4点

要相信：用则有，不用则藏（用则有是“太极”，不用则藏是无极）。不管是谁，一搭手你胸前和双臂双手皆空无［自然地（的）无极状态］，敌就无法下手，（这）时你就能自然地合，自然地走化，自然地拿放自如。一用变太极，光芒四射，普照一切。

平时没有是无极，是养气。所以说，气以直养而无害，养吾浩然正气。此气无底，越多越厚越好，威力越大，平时不用，曰：“藏。”所以说，不用则藏。①是无极。②用时一松腰胯，气由脚底而上布满全身，光芒四射，威力无比。曰：太极。所以说，用则有。全身气满，全身皆胀，气遍全身是也。

Memo No.

Date / /

弹劲形成的阶段：

① 手推弹簧，如手离之则放不动人，或以力量、跟劲不偶即能放出劲来，得到了不得了的这些"时隐时现"。

② 通过时隐时现不断形成（弹劲）到去有这些灌心空性。

③ 灌心空性出来，用则有，不用则无，弹劲永永不丢。弹簧是，惟自具足，不用劲来用力就完全一气了，是虚空无极是"无极"。所以说弹簧灌空。

推手中如果被人动已先动，要想打和不动而不觉之中以发劲如同放箭，发劲是太极之先放出去之能气。

老子讲：无为无不为，无为是无极什么都没有，什么都不想，有为是太极是放劲。

由无极阴阳一动到庞然大气贯通，气是分阴阳之接触是一阴一阳，阴阳合一，即是太极，即无为无不为。在悟道：无为无不为，也是道。

① 王峰祖师曰：随之体松，整体复归于空无中，由无极一阴一阳一个筋骨松（松胯松腰即到了无），周身放空，即得合一的放。放劲是空，旋中圆，分一动就完全一气。

②郭云深曰：有形有相都是假，练到无心方为真。拳打人不知，都不招架了，即无形无相，也无为，即无极。惟能无形，虚空即全力，[illegible]不论气[illegible]走通。无极状态，不注重无气势。

总之由无极状态合好了（即应物自然）才生太极。

太极即无为而无不为，一把钥匙开一把锁（它是万能的钥匙）。

③李洛能曰：无形无相全体透空，应物自然，西山悬磬。意思只有无形相才能透空，只有透空才能应物自然，即合阴阳，才能无为而无不为。即所谓阴阳相济方为懂劲。

④无极的要求：①有意无气势，有整劲之力，使人看不出劲，行如缓慢。②无极无形相，透空能[illegible]。③无极能变太极（太极者无极而生）。所以用功夫者[illegible]就是功夫话，无太极操太极拳。

由着熟渐悟懂劲，由懂劲阶及神明，非用功之久，不能豁然贯通。

①着熟是指拳以不全[illegible]式子，拳手能合好（阴阳合一），[illegible]，此时劲有时有，有时无，就是所谓时隐时现，[illegible]拳手能有，这叫由着熟渐悟懂劲。

②懂劲是拳手能有，就能分清合好，使敌拳不出劲来，使敌搭手就不能得势，拳敌自如，这叫懂劲。此时还要练和实打人，拳手所谓非用功之久不能豁然贯通。

③神明是不管什么人交手，如拳练了，都打的一样，都能拳敌自如，即无为无不为，接手敌就丢，能把敌自然放出，使敌[illegible]，是因敌变化是神奇。

无极体是[illegible]，太极是[illegible]力大，这就是因敌变化是神奇。[illegible]无[illegible]不[illegible]

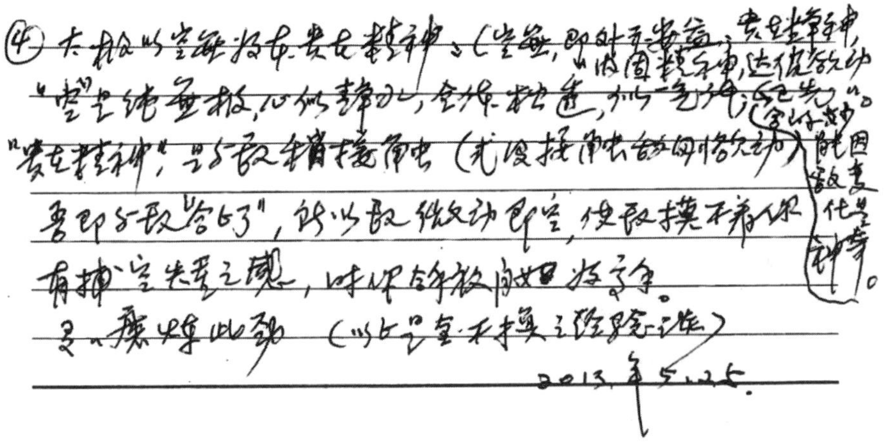

练劲形成三个阶段

（1）开始练多少年，总是放不动人，不会叫人起根。后偶而（尔）能放出劲来，偶而（尔）又没了不灵了，这叫时隐时现（阶段）。

（2）通过时隐时现，不磨不成，炼（练）成到老有，这叫澄心定性（阶段）。

（3）澄心定性后，要用则有，不用则无、藏，使劲永不丢（阶段）。

练拳要慢、匀、贯，要不用劲，要周身一家完正（整）一气，要透空无为，要“无极”。所以说，练拳是养气。

推手要快，要彼欲动已先动，要打人於（于）不知不觉之中。所以，发劲如放箭。发劲是太极，是失（释）放能量，所以耗气。

老子讲：无为无不为。无为，是无极，什么都没有，什么都不想。有为，是太极，是放劲。由无极腰胯一松到底，则大气贯通，气达与彼之接触点，一化一拿，阴阳一合一即变太极。即无为无不为，要悟透无为无不为，这是道。

（1）三峰（丰）祖师曰：筋骨要松，皮毛要攻，节节贯穿（串），虚灵在中。

由无极一搭手，一个筋骨松（松腰松胯即引进落空），皮毛攻，即缠丝拿放。放劲要节节贯串，周身一家，完正（整）一气。

（2）郭云深曰：有形有相（意）都是假，拳到无心方为（见）真（奇）。打拳推手都不拉架子，即无形无相。要无为，即无极体，才能无形。透空，即全身松透没有力气，才能气上下贯通。有此状态，才出虚无气势。

总之，由无极状态合好了（即应物自然），才生太极。太极，即无为无不为，一把钥匙开一万把锁（是万能钥匙）。

（3）李道子曰：无形无相，全体透空。应物自然，西山悬磬。意思（是）只有无形相，才能透空；只有透空，才能应物自然。即合的（得）好，才能无为无不为。即所为（谓）阴阳相济，方为懂劲。

（4）无极内涵：①有虚无气势，有敷盖劲，使人拿不出劲，行动缓慢。②无极无形相，透空，能出手不见手。③无极能变太极（太极者，无极而生）。所以，习练者不是无极，就是力气活，是太极操，太极舞。

由着熟渐悟懂劲，由懂劲阶至（及）神明，非用功之久，不能豁然贯通。

（1）着熟是操手，以不同的手法或形势（式）接手皆能合好（皆能阴阳合一），要找好靶子炼（练）。此时劲儿有时有，有时无，就是所谓时隐时现。要练到搭手就有，这叫由招（着）熟渐悟懂劲。

（2）懂劲是出手就有，就能与敌合好，使敌拿不出劲来，使敌搭手起跟（根）不得势，拿放自如，这叫懂劲。此时要多练，和多数人推手，所谓非用功之久，不能豁然贯通。

（3）神明是不管（与）什么人交手，如摔跤的，散打的，等等，皆能拿放自如，即无为无不为。接手敌就丢，能把敌自然放出，使敌捕风捉影，是为因敌变化是（示）神奇。无极体越纯净，太极越威力大，越能因敌变化是（示）神奇，逐渐成为无坚不摧之高手。

（4）太极以空无为本，贵在精神。空无，即外示安益（逸）。贵在精神。即内固精神，达彼欲动己先动，合得妙，能因敌变化是（示）神奇。

空是纯无极，心似静水，全体松透，似一气体。

贵在精神，是与敌稍接触（或没接触，敌刚欲动），吾即与敌合上了。

所以，敌微动即空，使敌摸不着你，有捕（扑）空失重之感，时你拿放自如为高手。多多磨炼此劲。

（以上是金不换之经验谈。）

2013年5月25日

孝纤寿：两把乞简，乞还通知"中指扒地"；

西贾梓呈意拱乞还当客中指乞通。孝

"太极是动中求静"

① 站桩设静之中把个人站空（站没有了）

静坐是个人"坐"，""""坐空（坐没有了即入静）

"" 站桩背自身松静无为才能入静 即是静极了

把个人变成一个空人；而太极则是在行走之运动中

松静无为，把个人练没有了，所以太极是动中求静

"在运动中找阴阳平衡 即是动中求静"

执敌接来力（是阴阳）而柔化，再进击合一，即舍住

敌之力点，使敌无力顶抗（舍本而从人 即能舍己）

① 阴阳平衡；② 即是动中求静；③ 即是舍住重心

④ 即是太极劲。⑤ 即能玩四两拨千斤是也。

以上①②③④⑤即是太极

太极运用好了之后 使敌一触即乱，一搭手能

舍本而从人 使敌一动未起

当即见陷井。

2014年元月8日 晨

行拳：两腿气筒，气达涌泉，十指（趾）抓地。两臂棉（绵）里裹铁，气达劳宫，十指气通。太极是动中求静。

站桩是在静立中把个人站空（站没有了）。

静坐是个人静坐，把个人坐空（坐没有了即入静）。

静坐、站桩皆自身松静无为，才能入静。即是静极了，把个人变成一个空人。而太极，则是在练拳之运动中松静无为，把个人练没有了。所以，太极是动中求静，在运动中找阳的鱼眼，即是动中求静。就是对方来力，是阳，我柔化再渗透合一，即拿住敌之力点，使敌无力顶抗，拿不出劲来。即所谓：①阴阳相济。②即是动中求静。③即是拿住鱼眼。④即是太极劲。⑤即所谓四两拨千斤是也。

以上①②③④⑤皆是太极。

太极运用妙之高手，能（使）敌一想动就丢，一搭手就拿不出劲来，使敌一动不是地雷就是陷井（阱）。

2014年元月8日晨

Mo Tu We Th Fr Sa Su

Memo No.
Date / /

① 筋骨松，是以下贯串人难侵之松，腰松胯[illegible]松[illegible]是[illegible]，[illegible]之劲[illegible]是[illegible]。

② 发毛攻之[illegible]是[illegible]，[illegible]是[illegible]"[illegible]是"，"[illegible]劲"

总之筋骨松发毛攻之[illegible]合形是[illegible]劲。

太极图之中线[illegible]是无极，是中定，[illegible]太极是[illegible]，[illegible]中线，[illegible]阴阳[illegible]，[illegible]阳[illegible]附[illegible]。

找到了[illegible]，即是阴阳合一，即是太极（无极生太极）

在推手中[illegible]，在无极状态下（即无我无他）

去找[illegible]，[illegible]

[illegible]，即是浑圆合一，[illegible]合一，[illegible]

即分[illegible]，即找到了[illegible]

此为太极劲

2014年2月10日。

（1）筋骨松，是上下贯通人难侵，是松腰松胯松膝，是气沉丹田。劲落涌泉，是引进落空劲，是“熊形”。

（2）皮毛攻，是气达四稍（梢），是腹内松静气腾然，是气透体外，是虚无气势，是“鹰形”，是“发劲”。

总之，筋骨松，皮毛攻，是熊鹰合形，是放劲。

太极图之中线就是无极，是中定。练太极是练这条（中）线，运用中线。相遇阳则找阳之鱼眼，遇阴则找阴之鱼眼。找到了鱼眼，即是阴阳合一，即是太极（无极变太极）。

在推手中，要立不摆架，在无极状态下（即无形无相）去找鱼眼。要不挣（争）胜，舍己从人，不即不离地去找鱼眼，即是渗透合一，贯串两极，融合一炉。即拿住了对方，即找到了鱼眼，此为太极劲。

2014年元月10日

（一）静坐

静坐就是人体如一杯浊水。水里的杂质纷纷走动，静坐下这些杂质会沉淀到杯的底里，如许多乱了的杂念使你平时的乱想，你就不想，斩断这些乱了，实质是把这些乱了（魔鬼）驱赶（或叫拴意猿提意马），把这些乱了提住不让它在心里出现，但乱了很难困，驱赶它，它还（在）出现，但你只有坚心，一有乱了就驱赶。这样乱了在心里出现会越来越少。直到乱了不出现。这就好像杯内的浊水通过沉淀会越来越少，直到杂质都沉淀了。你的心境清静的时候心里什么都不想了，即是无为，即是入静。

太极功也是这样练，什么不想，以练功为主，即用心和意用，慢慢地，松柔地，[illegible]地，两臂如抱里缓缓沉默地练，抽丝，拉不动大拉，一直练下去，直到心里清灵，即达清虚空，把个人练没有了，即是出现虚无地感觉，即出现虚无之势，所以练太极以虚空为本，贵在精神（由僵劲到松柔劲，再到沉劲，直到虚无劲，如[illegible]），以虚无之势打人，为太极修炼之最高境界。

2014年七月十三晨悟

静坐

静坐初，人体如一杯混水，水里的杂质纷纷在动。你坐下，这些杂质出现（在）你的心里，如许多乱事出来，使你不停的（地）乱想。你要不想、不分析这些乱事，要从脑海里把这些乱事（魔鬼）敢（赶）跑（或叫拴意猿捉意马）。把这些乱事捉住，不让它在心里出现。但乱事很玩（顽）固，敢（赶）跑它，它还出现。但你要有恒心，一有乱事就敢（赶）跑，这样乱事在心里出现会愈来愈少，直到乱事不出现。这就像杯内之混水，通过沉殿（淀）会愈来愈少，直到杂质都沉殿（淀）了，使水清澈透明。（这）时你心里什么都不想了，即是无为，即是入静。

太极劲也是这样，练拳什么（都）不想，以沉劲为主即周心（身）似气筒，暖融融地（的）、胀乎乎地（的）。两臂如棉（绵）里裹铁，沉殿（甸）的（地）练，抽丝，拉不动大栓，一直练下去，直到自然清（轻）灵，即所谓透空。把个人练没有了，即是出现虚无地（的）感觉，即出现虚无气势。所以有太极以虚空为本，贵在精神。由僵劲到没有劲，再到沉劲，在（再）到虚无劲，如杯之混水，愈沉愈清。以虚无气势打人，为太极修炼之高境界。

2014年正月十五晨悟

Memo No.

Date / /

胯柔可折叠[illegible]全身都[illegible]，上下尾椎由转

大椎[illegible]不是子[illegible]

只有能将整形神内敛，气落涌泉，才能尾椎由转，才能

全身结合成一体[illegible]使人摸到落空不知到。

[illegible]回心推胯腾、挤到尾椎抽转等（要细小体会）

① 阴阳合一，处理好全身要阴阳合一

② 神形合一，处处散、大劲，僵柔劲不要神形合一。

这三种劲都不是，用了阴阳合一沾粘连随他不听

如，以将接劲，以球碰壁出飞打出致果。

如果用前者来了，就沾去碰壁或接劲，一下子就打出去了不是

挤散劲，僵柔劲是不是以两截子劲，不是，推手还是

不出劲，不能用阴阳合一和沾粘连随，要用神形合一劲

[illegible]，挤[illegible]，[illegible]散劲[illegible]。他们人

都说不懂沾粘的人，打就解决了。这三种人没有[illegible]

[illegible]，他们[illegible]散。

如：[illegible]，[illegible]，[illegible]，[illegible]，张[illegible]：都用了阴阳

合一沾粘连随都[illegible]他[illegible]。

2 如[illegible]小[illegible]，[illegible]第一[illegible]（但他们都大力气）他们都

[illegible]劲，下力[illegible]。

这样[illegible]神形合一处理，以神形合一[illegible]

以神形合一去沾粘连随去[illegible]

2014年[illegible]月10[illegible]

腰柔百折若无骨，撒遍全身都是手。只要尾轴转，太极无处不灵验。

只有无为无形神内敛，气落涌泉，才能尾轴转，才能劲纯合的（得）妙，使人挨打落空不知到（道）。

刻刻留心松腰胯，一松到底尾轴转（要细细体会）。

（1）阴阳合一，处理正（整）劲要阴阳合一。

（2）神形合一，处理散劲、大劲、僵柔劲，则要神形合一。因为这三种劲都不正（整），用阴阳合一，沾粘连随他不听。

如：以钱投鼓，以球碰壁，皆正（整）对正（整），所以效果灵。如果用猪馕子、粘泥去碰壁或投鼓，一下子就沾上了，所以不灵。松散劲、僵柔劲是不正（整），是两截子劲，所以不灵。所以，推手遇上不正（整）劲，不能用阴阳合一和沾粘连随，要用神形合一劲。

孙振松、李雅轩、王培生遇上散劲皆主张打。他三人都说，不懂沾粘的人打就解决了。因为这三种人没有工（功）夫，上不了擂台，因为他们皆是劲散（散劲）。

如，我对小旭东、牟林，对燕波，对王东、张临行等，用阴阳合一，沾粘连随都灵，因为他们皆正（整）。又如，我对小郑、二号徒弟等不灵（但他们都大力气），他们都劲散，两截劲，下身站稳，上身松活，是拉彻（扯）劲。所以，对这样（的）人要神形合一处理，以神形合一拿放，以神行合一去沾粘连随，去拿放。

2014年5月1日晨悟

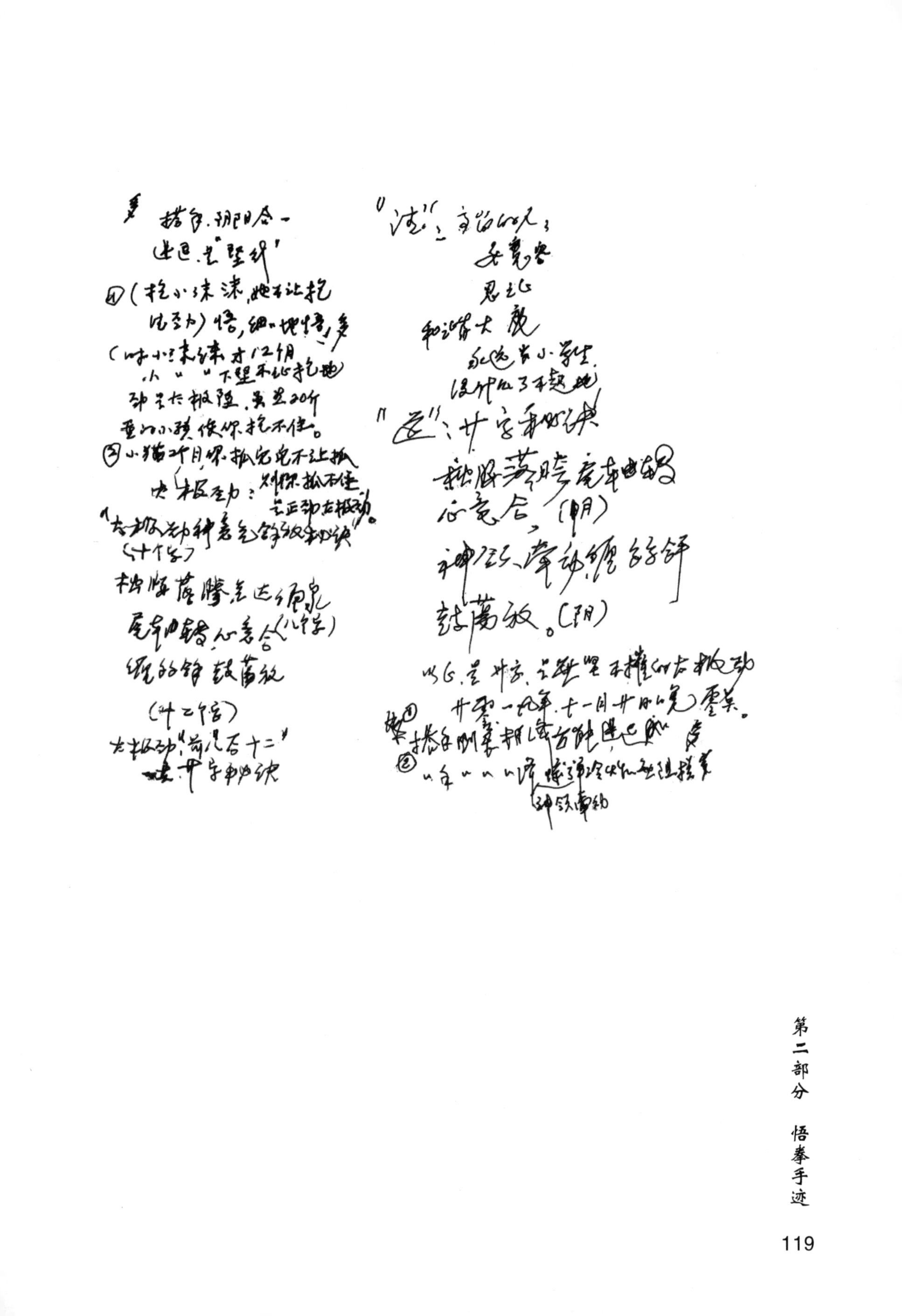

[illegible handwritten Chinese manuscript]

搭手阴阳合一。进退是坠行。

①［抱小沫沫（重外孙女），她不让抱的劲］悟！细细地悟。时小沫沫才12个月，小沫沫下坠，不让抱地（的）劲儿是太极坠，虽然20斤重的小孩，（却）使你抱不住。

②小猫两个月，你抓它，它不让抓，则你抓不住。是正（整）劲、太极劲。

太极劲：太极劲神意气拿放秘诀（二十个字）

松腰，落胯，气达涌泉（八个字）。尾轴转，心意合，缠丝拿，鼓荡放（十二个字）。

太极劲，“前八（字）”“后十二（字）”，共二十字秘诀。

“德”：高尚的人，要宽容、忍让、和谐大度。

永远当小学生，没什么了不起地（的）。

“道”：二十字秘诀

松腰，落胯，尾轴转，心意合（阴）。

神领，牵动，缠丝拿，鼓荡放（阳）。

以上是二十字，是无坚不摧的太极劲。

①搭手刚柔相济，方能进退（自）如。

②搭手刚柔相济，神领牵动惊弹冷炸无阻拦。

二零一九（2019）年十一（11）月二十（20）日晚零（24）点

太极功：

① 虚空圆明"心意合"，经络舒"

神领鼓荡"松"悟！

② 三个字：合、舒、松

③ 九个字：心意合，经络舒，鼓荡松

（三字、九字最完整的是①，十七个字）

[illegible]

[illegible] 空无 心意合，[illegible] 经络舒

神领鼓荡松，[illegible]

[illegible]

[illegible] 空无 心意合 [illegible] 经络松

太极是 晴空 霹雳（即空无 经络 [illegible]）

只有心意合，经络舒 [illegible]

心意 …… ，不能有丝毫之力 [illegible] 作用。

只有 [illegible]，才能心意合上 才能 [illegible]

[illegible] 心意合，神领，经络 鼓荡松（十三字秘诀）

1、[illegible] 心意合 神领 [illegible]

2、—"……" "心"……神" [illegible] 鼓荡松（一气合成）

（[illegible]）

[illegible]

[illegible] 2018.11.20 晨

第二部分 悟拳手迹

太极劲

①虚空飘渺“心意合”，渗透缠丝“拿”，神领鼓荡“放”。悟！

②三个字是：合，拿，放。

③九个字是：心意合，缠丝拿，鼓荡放。

（三字，九字，最完正（整）的是①十七个字）

进不顶，退不丢，到顶而不顶，丢而不丢。

透空无为心意合，惊弹冷炸缠丝拿。

神领鼓荡放，搭手就漂无可奈，独领风骚自逍遥。

透空无为心意合，惊弹冷炸缠丝放。

太极是晴空霹雳（即空无、缠丝、惊弹、冷炸）。

只有心意合、缠丝拿住，敌方才有落在电网上的感觉。心意合、缠丝拿住，不能有丝毫之力，纯是意气之作用。

只有气盖住对方，才能心意合上，才能拿住对方。

松腰胯，心意合，神领缠丝鼓荡放（十三字秘诀）。

①一搭手要松腰胯心意合，神领缠丝定住，使敌漂起不能动。

②一搭手要松腰胯心意合，神领牵动鼓荡放［一气合（呵）成，无坚不摧］。暗进步，助气势。

王云龙 2018（年）11（月）20（日）晨

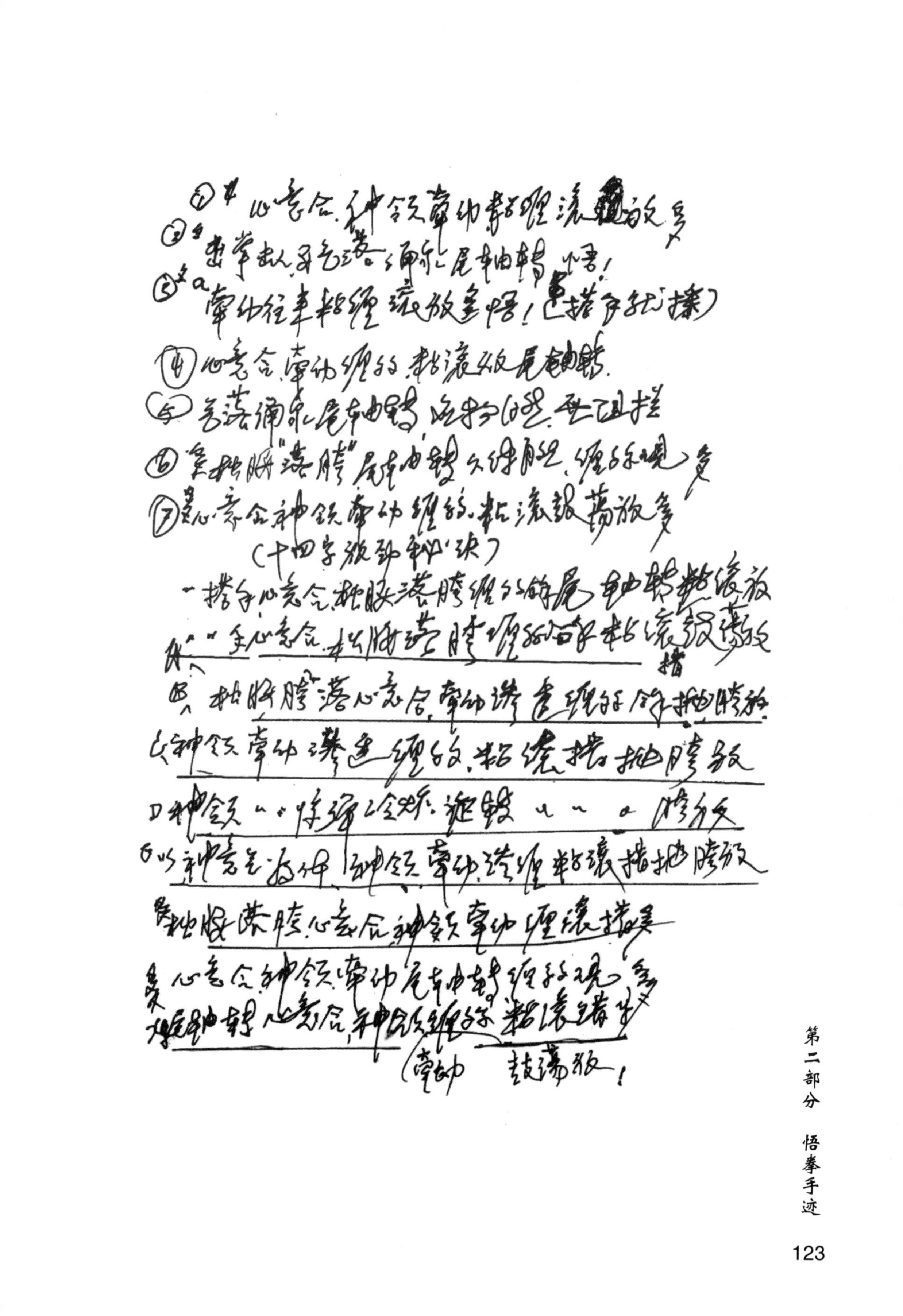

①心意合，神领，牵动，粘缠滚放。

②出掌击人，要气落涌泉尾轴转。悟！

③牵动往来粘缠滚放。悟！（搭手就採）

④心意合，牵动，缠丝，粘滚放，尾轴转。

⑤气落涌泉尾轴转，应物自然无阻拦。

⑥松腰“落胯”尾轴转，久练自然缠丝现。

⑦心意合，神领，牵动，缠丝，粘滚，鼓荡放（十四字放劲秘诀）。

一搭手，心意合，松腰，落胯，缠丝拿，尾轴转，粘滚放。

A 一搭手，心意合，松腰落胯缠丝拿，粘滚鼓荡放。

B 松腰落胯心意合，牵动渗透缠丝拿，抛胯放。

C 神领牵动，渗透缠丝，粘滚措（挫），抛胯放。

D 神领牵动，惊弹冷炸，旋转粘滚措（挫），抛胯放。

E 以神意气为体，神领牵动，渗缠粘滚措（挫），抛胯放。

松腰落胯心意合，神领牵动缠滚措（挫）。

心意合，神领牵动，尾轴转，缠丝现。

尾轴转，心意合，神领牵动，缠丝，粘滚错（挫），鼓荡放！

极柔软，才能极坚刚。"极柔软生出的坚刚"

太极不动：① 至柔中寓刚，柔至无中生有，阴阳互相济。阴阳坚刚柔相济，无坚不摧之刚。

所以说："柔中寓刚攻不破，刚中无柔不为坚"，其中刚柔转换，须要细微，方见神奇

奥妙无穷至，刚即是柔，柔即是刚，进即是退，退即是进，有即是无，无即是有，变化莫测，引进落空，无生有，无为无不为，达到一招一式，不合自合，不搏自胜，即拳打无形无可奈，快而不见，以弱胜强自道达(至)。一至神乎其技，然后一举一动。

② 太极是刚柔转换之间的运动来即太极

③ 太极是借后天形，练先天意，以先天气养后天形，消除病痛。

④ 人身气血如有阻，一处不通一处伤，可以用后天之形练出先天气去消疗后天的病痛。

2020年晚12时悟！

第二部分 悟拳手迹

极柔软，才能极坚刚。所以，极柔软生出的刚，是刚柔相济、无坚不摧之刚。

太极劲：①是柔中寓刚，棉（绵）里藏针，是无中生有，是刚柔相济。所以说：柔中寓刚攻不破，刚中无柔不为坚。其中刚柔转换，愈是细微，愈见神奇奥妙。至刚即是柔，柔即是刚；进即是退，退即是进；有即是无，无即是有。所以，练到高深，无生有，无为无不为，达到一接手不合自合，不挣（争）自胜，即搭手就漂无可奈，独领风骚自逍遥。一至神乎其技，妙手一着一太极。②太极是刚柔转换之间地（的）活机关，即“太极”。③太极是借后天形，炼（练）先天气，以先天气养后天形，治后天病。④人身气血如长江，一处不到一处伤，可以用后天之形炼（练）地（的）先天气去治疗后天的伤病。

2020年晚12时悟！

我悟出一个无价之宝：你一有烦恼，就以美丽心情[笑迷乎地，美滋滋地心情]去默念“我不生气”。就有治疗腹胀地效果。“真神奇”

2020年6月20晨悟。

我悟出一个无价之宝：你一有烦恼，就以美丽心情［笑迷乎地（的），美滋滋地（的）心情］去默念：“我不生气。”就有治疗腹胀地（的）效果。“真神奇”！

2020年6月20（日）晨悟

二、试劲体验

一、论引进落空～

论"""合即出 站位中定往开里打

引进落空合"为阴"，无无过极以去引，无吸气是极化，即出"为阳"是开，无周身一齐爆炸发力呼气是释发。

论引进落空合即出是一个太极圈，即一手一着一太极。此半圈为引进落空为化是合无吸气，大"""为开是即出，是缠合释是发力呼气。

站位中定是无极无意空无为大气贯通立不摆架。

往开里打是太极{无引进落空 无虚吸收 无险快狠无柔
山立崩无翻江倒海无坚不摧
如烈风之吹摧枯拉朽

2009年10月30夜3点。

如图：引进落空合 即出

论引进落空

论引进落空合即出，站住中定往开里打。

引进落空合“为阴”，要无过不及的（地）去引，要吸气，是松化。即出“为阳”，是开，要周身一家爆炸发力，要呼气，是拿发。所以说，引进落空合即出，是一个太极圈。即妙手一着一太极。上半圈为引进落空，为化，是合，要吸气。下半圈为开，是“即出”，是缠拿，是发力呼气。

站住中定，是无极，要透空无为，大气贯通，立不摆架。“往开里打”，是太极，要引进落空，要虎吼猿鸣，要冷炸，要泰山立崩，要翻江倒海，要无坚不摧。如烈风之吹拉枯朽（摧枯拉朽）。

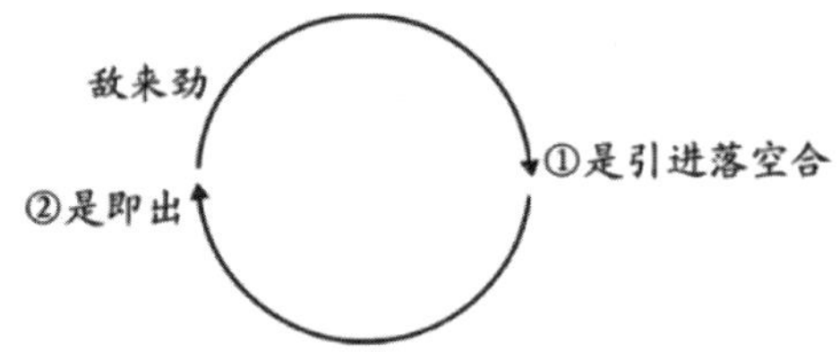

如图：

在不想打人不争胜的情况形态下，一触对方，以意周身一家 打出一个无形圈去打人。为太极最好劲。
2009、11、18、六点半 在北海医院悟

2009年10月30（日）夜3点

在不想打人、不争胜的情况形态下，一触对方，以意周身一家、打出一个无形圈去打人，为太极最好劲。

2009（年）11（月）18（日）六点半（6：30）在北海医院悟

（一）太极劲

自然引化渗拿发，
自然引化渗拿空，
一触即发一触空，
发发空空妙无穷，
神形合一更威灵。
解：①自然，即透空无为，应物自然。
　　②引化，即松腰松胯。
　　③渗，即渗透合一。
　　④拿，即渗入缠丝。
　　⑤发，即周身一家，完正（整）一气，大气鼓荡，
轰然而出，所谓发劲如放箭是也。
妙决（诀）有德者传之。

2012（2011）年12月10日云龙

(二)"由无极到太极"
无极形太极，开合一定间
形成似闪电，发人如放箭。
解：由无极转化成太极，无极是德要养要养浩然正气，要透空无为即所谓太极以空虚为本是也。没有无极就没有太极，所以说太极是无极而生，只有无极才能生出太极来。（真正无极全身空虚对方无法进攻）无极状态一松腰胯气到涌泉自然气反上来到接触点即产生能量，即为道、为太极，但无极转太极要合的火候好早不行晚了也不行所以说开合一定间。
2012年1月18日

（二）由无极到太极

无极形太极，开合一定间，
形成似闪电，发人如放箭。

解：由无极转化成太极，无极是德，要养，要养浩然正气，要透空无为，即所谓太极以空虚为本是也。没有无极就没有太极，所以说，太极是无极而生，只有无极才能生出太极来。（真正无极，全身空虚，对方无法进攻）无极状态，一松腰胯，气到涌泉，自然气反上来到接触点，即产生能量，即为道，为太极。但无极转太极要合的（得）火候好，早不行，晚了也不行，所以说开合一定间。

2012年1（月）18日

于鹤春说：不论推手之旧说法先，如吴式外家拳家的推手技术来说，用呼吸空劲打出人，推一般不动他就打凌空劲，对方摔出去。但有的能接住气有的接不住气，说推手把能做到一有想法就接不住气。

如果对徒弟觉得能接住气，对外人就能接不住气，实际本是说明对徒弟就是无根，所以没有想法。若凌空劲，太极劲只是引进落空很好，对外人接不住气。一但有想法，不能，一但一有想法既为无根，就是太极既是不是太极，那就没有气，（虚无气势）一觉能出不着对方，（即无气可接）"……这

太极拳要理，是无极至太极，是以虚空为本，贵在精神意术。太极功夫是看不见，摸不着，接不住地脱，见我，知者之外，打人于不知不觉地功夫！

2012年1月初七 雪花三笑 无尘

李殿春说：（，）与孙振松之日游玩，好多练外家拳者向孙振松说，用你凌空劲打打我。孙一般不动（打），偶（尔）接打凌空劲，对方被击出，曰：有的能接上气，有的接不上气。（这）是孙振松自己的事，（因为）一有想法，就接不上气。如我对徒弟觉得能接上气，对外人觉得接不上气。实际不然，是你对徒弟熟了，（是）无极，自然没有想法，所以灵，打凌空劲、太极劲皆灵验，效果很好。对外人如接不上气，是因为你有想法，不自然。因为你一有想法，脱离无极，就不生太极。既然不是太极，那你就没有气（虚无气势），所以觉得打不着对方（即无气可接）。继续研讨，太极拳是道，是无为无不为，是以虚空为本、贵在精神之拳术。太极炼（练）的是看不见，摸不着，顶不上，逃（不）脱，出手见红，犯者立扑（仆），打人于不知不觉地（的）功夫。

2012年1月初七零（凌）晨三（3）点 王云龙

敌若欲动，我"自然"松腰胯到底，一身之气去开阳合，以此(大)体满全身，愈厚愈好，此(大)即是虚无气势

(四)以(大)虚无气势(大)盖敌 ②(大)去引化舒发 ③以(大)去沾粘连随。

就是以(大)(代表虚无气势)去迎敌。

虚无气势，愈厚威力愈大，"微妙"即是以看不见地内部的气，虚无气势去完成。所以说，太极以虚空为本，贵在精神。

太极以(大)体满全身，愈厚愈威力大

(大)意念纯外即空动

手自然不加意念指挥地去合一，(去引化舒发)

迎敌自然一合，腰胯一松，神一提，大气之向外一送，敌即弹起，全身无力可施，被气浪(虚无气势)卷出。全时身形转动大气已投其威力无比，如烈风之吹，摧枯拉朽

①有形与无形一念之间，只有真无形才叫能(有之自然地引化舒发)"才能"无形无不形。

②如，对些说小来，小波的年很好使，有时年年的第二第不太好使。他们说还是什么都没有好，我真什么没有他们摸不着。有时①我要对一些初学生好使，②对外来人和心里打怵之人有时不灵，主要原因是我的无形是假的，只是一念之间生"无形"不是真正自然无形。小年、二第说"这我看见你了"，一起无形就有形，有形了就不灵。这个有形与无形之一

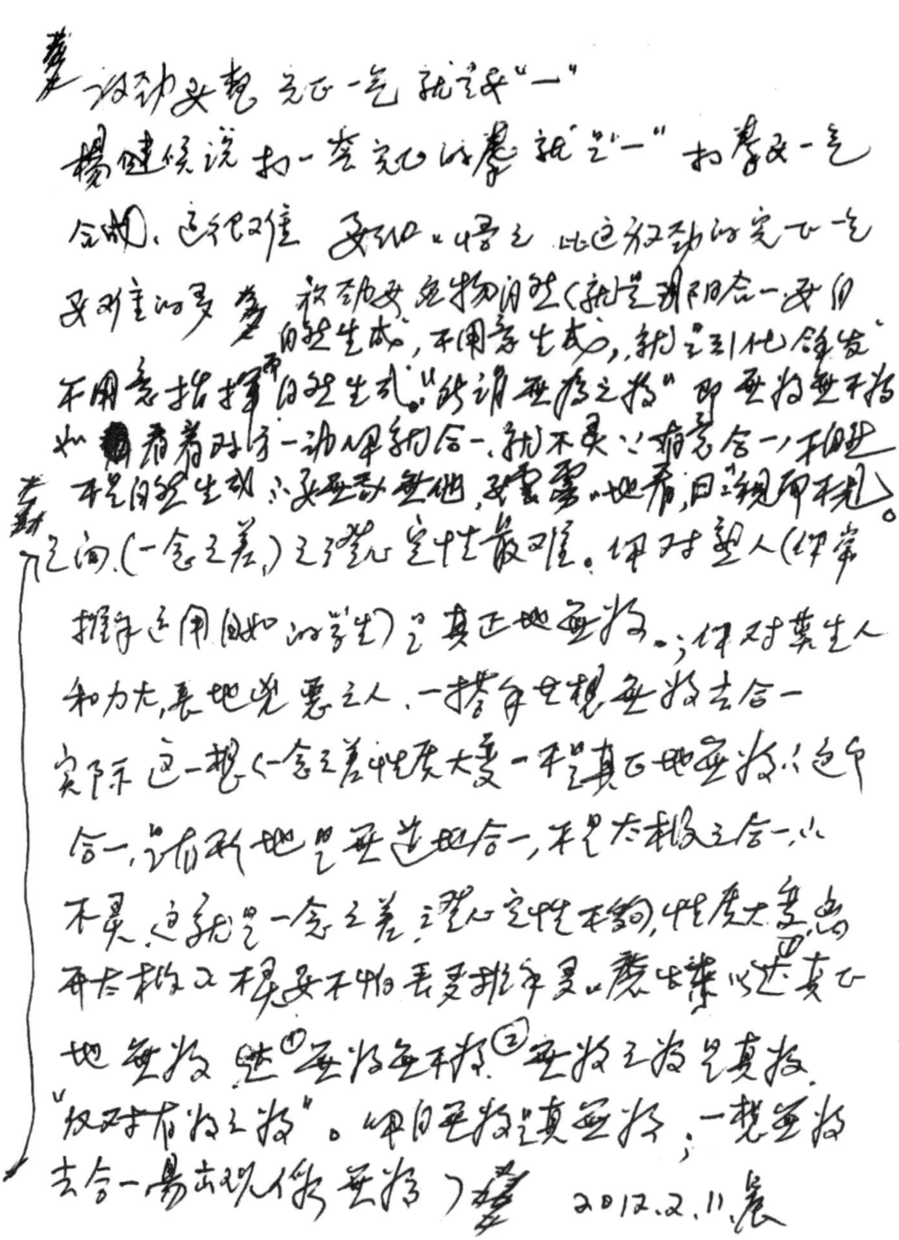

敌欲动，我“自然”松腰胯到底，反（返）上来之“意气”去阴阳合一，以此“意气”覆盖敌，以此“意气”去引化拿发，以此“意气”去沾粘连随，以此“意气”布满全身，愈厚愈好。此“意气”即是虚无气势。就是以虚无气势去迎敌，虚无气势愈厚威力愈大。“微吊

（雕）”，即是以看不见地（的）内劲、内气、虚无气势去完成。所以说，太极以虚空为本，贵在精神。（炼）练的虚无气势布满全身，愈浑厚愈威力大。虚无气势透出体外即“凌空劲”。

要自然，不加意念指挥地去合一（去引化拿发）。遇敌自然一合，腰胯一松，神一领，意气向外一透，敌即漂起，全身无力可施，被气浪（虚无气势）捲（卷）出，同时身形转动大气球，其威力无比，如烈风之吹拉枯朽（摧枯拉朽）。

有为与无为一念之间。只有真无为练到数（有功夫能自然地引化拿发），才能无为无不为。如对燕波、小宋、小波、少华很好使。有时对少华、二弟不太好使。他们说，还是什么都没有好。我真什么没有，他们摸不着。有时我无为对一些熟学生好使，（但）对外来人和心理打怵之人有时不灵，主要原因在我的无为是假地（的），是因为一念之间在想“无为”，不是真正自然无为。所以，少华、二弟说：“这我看见你了。”因为，你一想无为就有形，有形就不灵。这个有为与无为之间（一念之差）之澄心定性最难。你对熟人（你常推手运用自如的学生）是真正地（的）无为，你对莫（陌）生人和力大、长地（得）凶恶之人，一搭手在想无为去合一。实际这一想，一念之差，性质大变，一（已）不是真正地（的）无为。所以，这个合一是有形地（的），是无道地（的）合一，不是太极之合一。所以不灵。这就是一念之差之澄心定性不够，性质大变，离开太极，所以不灵。要不怕丢，多推手，多磨炼，以达（到）真正地（的）无为。达（到）无为无不为，无为之为是真为。“反对有为之为”。你自无为是真无为，一想无为去合一，易出现假无为。

放劲要整，完正（整）一气，就是要“一”。杨健侯说，打一套完正（整）的拳就是“一”。打拳要一气合（呵）成，这很难，要细细悟之，比这放劲的完正（整）一气要难的（得）多。放劲要应物自然，就是阴阳合一，要自然生成，不用意生成；就是引化拿发，不用意指挥而自然生成。所谓无为之为，即无为无不为。如看着对方一动你就合一，就不灵。因为有意合一，不自然，不是自然生成。所以，要无我无他，要云雾濛濛地看，曰：视而不见。

2012年2（月）11（日）晨

"真正无极全体空虚"，对方无法下手（这时我敌
如意静很慢，你会只觉得阴阳合一，或发放
或走空，都很自然。
①"天地无涯将士学"（就是合的好，使敌舒服的动来
这时你发放，走化都很容易，说舒放自如。
②"一念不起好功"③空洞无物揣法
心只存……什么都不想，再全身松透，才能达到无
极，才能使敌无法下手，对他想动也很慢
你能轻松如意地舒放自如。

你什么都没有，敌就手慢，你就有时间去合一，
你就合的好。杨健侯曰：胜败在乎一个合字。

往往实战中，一遇生人或体重大，长的凶恶者，不
由心的产生敌抗心理，这时不只觉得就有形相，
这一有形相就破坏了自身的无极体。敌方就看
见了你的形，就能快速攻击，使你合不好，就形
成顶。郭云深曰：有形有相都是假，拳到无心方为真。
很灵练者都隐在这里，不能自拔，总是不会合。
马师曰，胸前不让推，总是将胸前空虚什么都
没有，使人无法下手无法推

今天学生推手，舒放自如，是你的自然，虚空无物
没有生人来，心不好是你的变化，有了抗意，心生
形已变，出了形相，已不是无极体，你就合不好了
就顶上了。太极拳难练就难在练这些
学好好的悟。

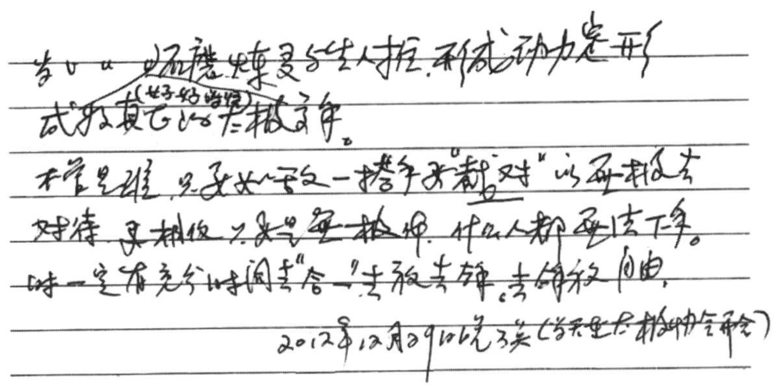

“真正无极全体空虚”，对方无法下手。这时，敌如出手很慢，所以，你会只等闲的（地）去阴阳合一，或发放或走空，都很自然。

①“天地无涯为窍。”就是合的（得）好，使敌拿不出劲来。这时，你发放、走化都很容易。所以说拿放自如。②“一念不起为功。”③“空洞无物为法。”所以，只有一念不起，什么都不想，再全身松透，才能达到无极，才能使敌无法出手。（这）时他想出手也很慢，所以你能轻松如意地拿放自如。你什么都没有，敌就手慢，所以你就有时间去合一，所以你就合的（得）好。所以，杨健侯曰：胜败在于一个合字。

往往实践中，一遇上生人或体重大、长的（得）凶恶者，不由心的（地）产生敌（抵）抗心理，这时不只（自）觉的（地）就有形相。这一有形相，就破坏了自身的无极体，敌方就看见了你的形，就能快速攻击，使你合不好，所以就形成顶。所以郭云深曰：有形有相都是假，拳到无心方为真。很多练者都陷在这里不能自拔，总是不出手。马（老）师曰：胸前不让推。应悟为胸前空虚什么都没有，使人无法下手无法推。

与众学生推手拿放自如，是因为你自然透空无为。有的生人来推不好，是因为你自身变化有了抗意，所以身形已变出了形相，已不是无极体，所以你就合不好了，就顶上了。太极拳难练就难练在这里，当好好的（地）悟。

当好好悟，磨炼多与生人推，形成劲力定形（型），成为真正的太极高手。

不管是谁，只要如（与）敌一搭手，要“截（绝）对”以无极去对待，要相信只要是无极体，什么人都无法下手。（这）时一定有充分时间去“合一”，去放去拿，去拿放自由。

2012年12月29日晚3点（当天在太极拳协会开会）

Mo Tu We Th Fr Sa Su ①"无极与太极" Memo No. Date / /

无极无底洞 万物空空空

太极化将萌，动似泰山崩。

翻江倒海，龙卷风。

恍兮惚兮无极中。

② 无极到太极 开合一空间

所成似闪电，出入如放箭

③ 松时气则调和合

惊炸：瞬合爆劲放

意神形合一滚气球

（必须细心悟，多磨炼。）

"此劲无底"练越多越深，

越养越厚。永远练

小学生。

2013年1.10.夜3点

（1）无极与太极

无极无底洞，万物空空容，
太极兆将萌，动则泰山崩。
翻江倒海龙卷风，
惊弹冷炸无为中。

（2）无极形太极，开合一定间。
形成似闪电，发人如放箭。

（3）松腰气到涌泉合，
惊炸渗拿（牵）动放。
要神行合一滚气球。

（以上细细悟，多磨炼）

“此劲无底”，德越高道越深，越养越厚。永远做小学生。

2013年1（月）10（日）夜3点

临敌吾透空无为，待敌欲动，吾松腰牵动、渗缠、惊炸滚气球。一（以）上各动作要在瞬间神形合一，一气合（呵）成，为最完美地（的）发劲。一（以）上各因素的运用排列顺序基本合理，难在在瞬间有机地运用完成，一触即发，神速无比。

2013年1月10日晚四（4）点

所谓彼欲动，是敌刚想沉身（所谓观来则降），吾速合之放劲。即所谓彼欲动已先动是也。

“以上实践经验之谈，秘诀千金不卖”，是多次悟劲的汇总。

2013年1月12日晚3点

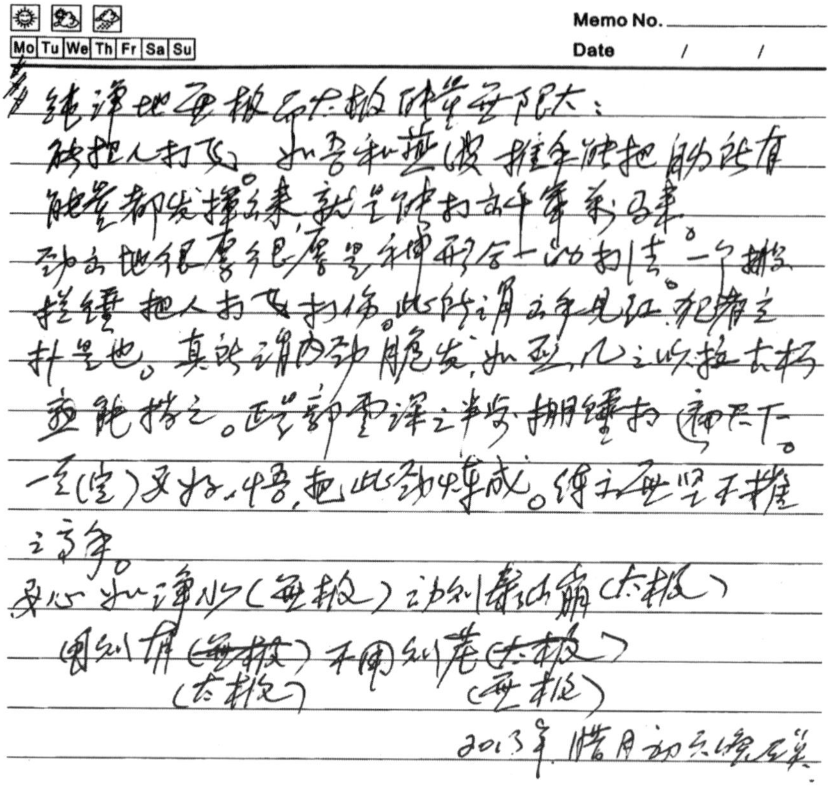

纯净地（的）无极而太极能量无限大，能把人打飞。如吾和燕波推手，能把自身所有能量都发挥出来，就是能打出千军万马来，劲出地（得）很厚很厚，是神形合一的打法。一个搬拦捶把人打飞打伤，此所谓出手见红、犯者立扑（仆）是也。真所谓内劲脆发如烈风之吹拉枯朽（摧枯拉朽），熟（孰）能挡之。正是郭云深之半步掤（崩）锤打遍天下。

一定要好好悟，把此劲炼（练）成，练出无坚不摧之高手。

要心如净（静）水（无极），动则泰山崩（太极）。用则有（太极），不用则藏（无极）。

2013年腊月初六晚三（3）点

Mo Tu We Th Fr Sa Su

Memo No.

Date / /

手得到 不管任何人，搭手发力即飞。

与人搭手之① 大都反抗，则能引进落空（速转腰胯）旋。之敌落空劲必然起跟，[illegible]

[illegible] 发劲无不跌出。悟之便以往与人搭手之

[illegible]

[illegible] 效果不好。

②敌反抗，引起来 [illegible]

[illegible]

Mo Tu We Th Fr Sa Su　　Memo No. ______　Date　/　/

样才有希望真正练出真正之太极。但找不到实效之原因，除了此病（病在不理心之性），总出现僵拙僵，无极）永远也出不了之太极。难练这是一大难关。

一搭手僵拙，你在一走太极，你又没有劲么把敌人摔出了太极之的发劲，就把他推出时敌人（对方）更为把你[illegible]觉之自己很有功夫，把某某有名的地方拳推出。这样的人是练不着太极劲的么，凡是这样的[illegible]实践了不少人，也有名的大力者，如此好，再好的个材料，学习[illegible]自以为自己能式[illegible]出名[illegible]练不出真劲，[illegible]如他总觉自己行。对此被[illegible]毕生一致[illegible]

这些"害人不浅"[illegible]某某人。以"[illegible]"。

要练好真正无极、真太极是无坚不摧的，是任何手的力[illegible]不难的，是任何人无法抗拒、摔跤顶抗的。只学会无极、真太极，只理心之性，只知道什么是太极劲，怎样运用此劲，永不丢此劲。这要靠悟，要实践磨炼。

所谓运劲如百炼钢

无坚不摧也。以上这个过程指的了一大堆习太极之人，总不出来，所谓太极十年不出门，闯不出这一关，一百年也不出门。　2013年2月20日夜十二点要练到不管任何人，搭手发力即飞。

与人搭手定之。①其想反抗，则自然引进落空（速松腰胯）放，因为敌受定劲必然起跟（根），不德（得）势，时有反抗，你松腰自然发劲无不跌出。悟之。你以往与人推手定之，敌反抗，你採出（取）追截，似有顶劲或不勉强，所以，形成追粘，效果不好。②敌反抗，引起来侧身放，把敌打倒。有时处理不好，是因为你本身有力，不是无极。有形相不是真松净（静）体，所以，松不下腰，变不出太极，就没有气，就不能使敌起跟（根）。既不起跟（根），就顶上了，所以不灵。有的体重二百多斤或更多，你处理的（得）好，是因为你是纯无极，很自然就松腰变太极，这样敌不自觉就起跟（根），所以顶不上，更拉彻（扯）不上，不会形成摔大跤。有时与百八十斤人推手，因为你不澄心定性，有形有相，不是无极体，所以变不出太极。因为你是假松，腰也松不下去，从而你就没有气，所以你一点威力也没有。时敌有劲，所以不费力就把你推出去。时（是）因为你自己造成的机势，相对来说，实际也是这样，你把敌变成了太极（如与小郑推手，与王津之徒推手等，不是他们有功夫，是你给造成的）。有多少高手丢在这里，很难找出丢之原因，今吾悟出原因所在，很庆兴（幸）。这也是好处，因为你变劲，丢也不用劲是对的，只有这样，才有希望变出真正之太极。但找不出失败之原因，改不了此病（病在不澄心定性，总出现假松假无极），永远也不出手。所以太极难练，这是一大难关。一搭手，假松，你在（再）一变太极，你又没有劲，所以，把敌人变成了太极，所以敌不费劲儿就把你推出。（这）时敌人（对方）多办（半）很得意，党（当）之自己很有功夫，把某某有名地（的）高手推出去，这样的人是得不着太极劲的。因为凡是这样的高手皆处理过不少人，所以他有名。此大力者，如德好，再好好分析学习，别自以为自己能，或许此名手悟出真劲能原谅他。如他总觉自己行，到处破坏此名手，毕（必）然一败途（涂）地，这叫贬高人有罪遭。如××吹嘘吹牛，最后把自己吹爆了。

要相信真纯无极变太极是无坚不摧的，是任而（尔）千斤力漂浮亦（也）不难的，是任何人无法拉扯、摔跤顶抗的。要学会无极变太极，要澄心定性，要知道什么是太极劲，怎样运用此劲，永不丢此劲。所以要多悟，多实践磨炼。

所谓运劲如百炼钢，无坚不摧是也。以上这个过程，挡住了一大片习太极之人，总不出手。所谓太极十年不出门，闯不出这一关，一百年也不出门。

2013年（2月）20日夜十一（11）点

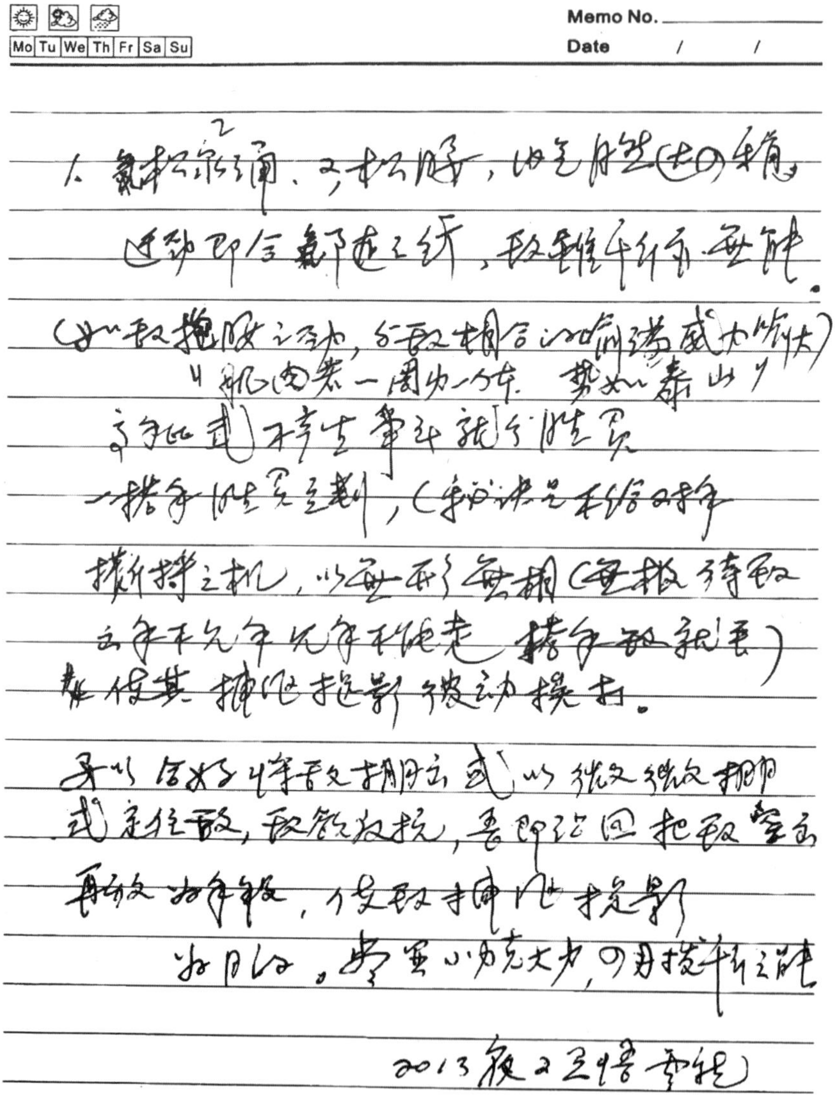
Mo Tu We Th Fr Sa Su
Memo No.
Date / /

1. 松涌泉。

2. 松腰，内气自然达四稍（梢）。

遇劲即合，气随之行，敌虽千斤力亦无能。

如敌抱腰之劲，与敌相合的（得）愈满，威力愈大。“肌肉若一，周身一体，势如泰山”。高手比武，不产生争斗就分胜负。一搭手，胜负立判。（秘诀是不给对手撕捋之机，以无形无相、无极待敌。出手不见手，见手不能走，搭手敌就丢）使其捕风捉影、被动挨打。

要以合好将敌掤出，或以微微掤式（势）定住敌。敌欲反抗，吾即沾回把敌空出再放为手段，使敌捕风捉影为目的，尽显小力克大力、四两拨千斤之能。

2013（年）夜2点悟　云龙

Mo Tu We Th Fr Sa Su

Memo No.

Date / /

#（与敌一搭手，吾以无极随敌劲"松化"吾以太极弹放）#

"不管是推手或摔跤，敌来皆以此应对之。如敌一搭手以推以发之招，吾即以敌抓吾手随之（无极随之）即跟着松化以太极弹放之"

快合时打，变化放劲冷快绝脆之弹。怎样达此高超技术。非极松静难达此技术。

这是以静之无形，松之达空。如天地无漏形容。不管敌如何进攻，皆使之扑风捉影[1]（一念未起形功即无形）②（空洞无物形体即达空）。

就是要极松静才能形劲神达合时打。所谓运劲如抽丝（是无极）无极变太极则要发放劲如放箭。

拨挤捋按之搭空空，扑风捉影是正宗。之运用拨……与劲去达到使敌进攻就扑风捉影。达到被发放。

抽劲如如缠丝劲，任它千斤力难浮亦不得住

弹劲如车轨之冲，任它飞速攻之化如扑风。

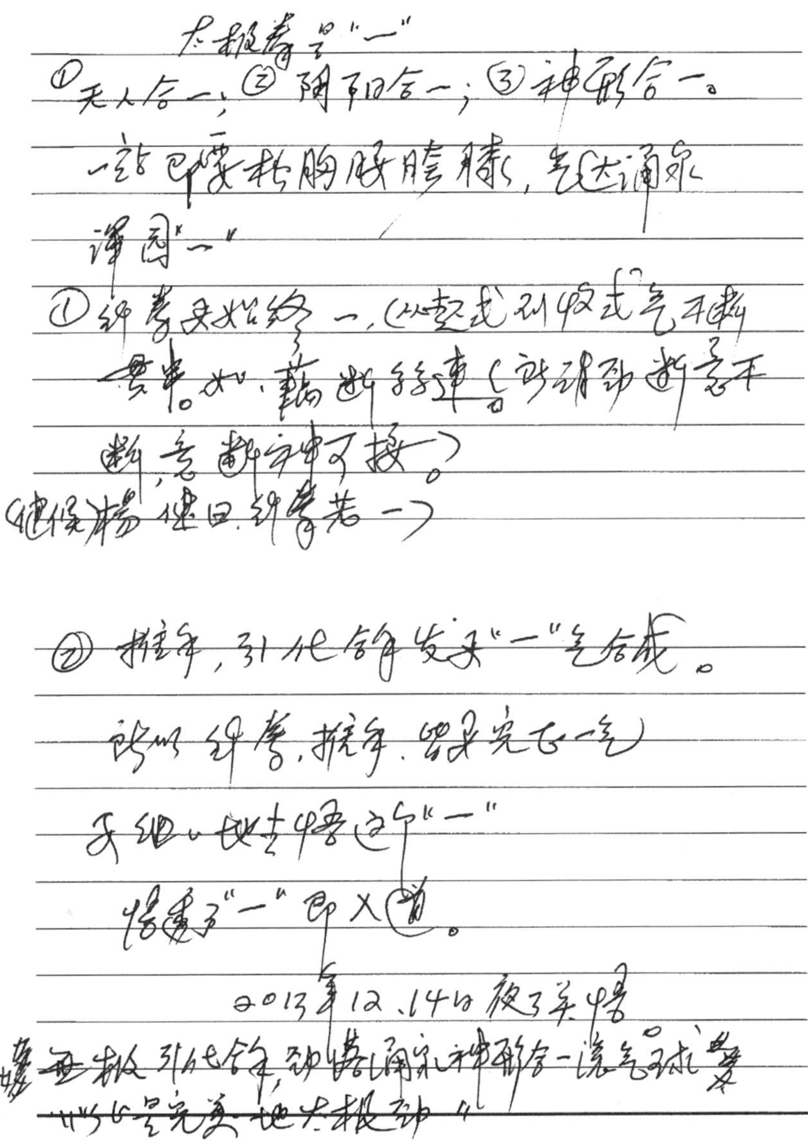

太极拳之“一”

①天人合一；②阴阳合一；③神形合一。

与敌一搭手，吾以无极随敌劲“松化”，吾以太极拿放。“不管是推手或摔跤、散打，皆以此应对之。如敌一搭手，以背口袋之招，吾即以敌抓吾手随之（无极随之），紧跟着松腰以太极拿放之”。

能合的（得）妙，变化放劲冷快绝伦高手。怎样达此高超技术？非极松静难达此技术。这里的静是无为，松是透空。如天地无涯为窍，不管敌如何进攻，皆使之捕风捉影。

（1）一念不起为功，即无为。

（2）空洞无物为法，即透空。

就是要极松静，才能放劲神速，合的（得）妙。行拳要运劲如抽丝（是无极），无极变太极则要发放劲如放箭。

拨拉搂抱背定空，捕风捉影是正宗。是运用拨、拉、搂、抱、背、定、空七个劲，去达到使敌进攻就捕风捉影，退则被发放。

掤劲如水浮舟行，任而（尔）千斤力，漂浮亦不难。

走劲如车轨上冲，任而（尔）飞速攻，走化如捕风。

太极拳是“一”

①天人合一。②阴阳合一。③神形合一。

一站即要松胸腰胯膝，气达涌泉浑园（元）“一”。

（1）行拳要始终“一”。从起势到收势，气不断贯串。如藕断丝连，所谓劲断意不断，意断神可接。杨健侯曰：行拳若一。

（2）推手，引化拿发要一气合（呵）成。

所以，行拳、推手皆要完正（整）一气，要细细地去悟这个“一”，悟透了“一”即入道。

无极引化拿，劲落涌泉神形合一滚气球。

以上是完美地（的）太极劲。

2013年12（月）14日夜3点悟

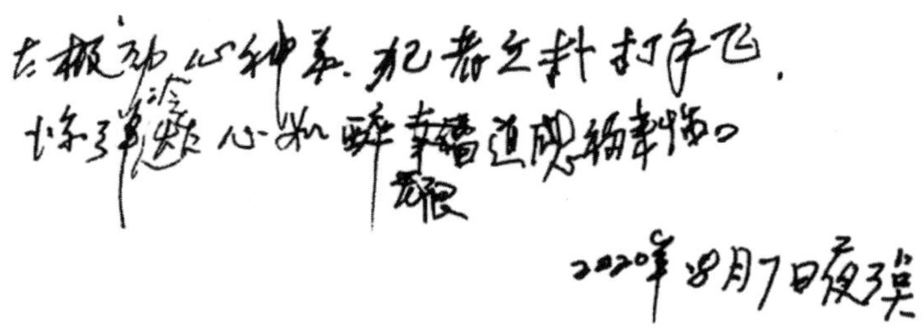

太极劲，心神美，犯者立扑（仆）打手飞。

惊弹冷炸心如醉，无限道感福来临。

2020年8月7日夜3点

刚劲：神形合一手似刚钩，意气透骨身体被捆。

2020年8月27日夜4点

搭手舜（瞬）间阴阳转换，愈细微纯静，愈显神奇。阴柔化劲要一丝不挂，干净利落。阳刚发劲要惊弹冷炸，泰山立崩。搭手就漂无可奈，犯者立仆自逍遥。

松腰落胯心意合，柔中寓刚缠丝拿，神形合一鼓荡放。

心意合，缠丝拿，柔中寓刚鼓荡放。

2020年9月28（日）晚3点

第三部分
修拳拾粹

这是一种难舍之“缘”。他出身武术世家，只因追寻“四两拨千斤”功夫，毅然割舍少年时期习练的家传小洪拳和小洪刀，与传统太极拳结下不解之缘，从没动摇过。

这是一个匪夷所思的奇迹。他家住农村，当年家境并不富裕，为寻求真太极拳，不辞千辛万苦，跑省城、奔北京，遍访名师，最终创出奇迹。北京太极拳名家马长勋讲：“他是个乡村渔民，却又是个太极拳奇才，据我所知，有很多太极名家的弟子都没有练出云龙的那个太极劲。”

这是一份丰厚的回报。他经过辛勤耕耘，尽管只有小学文化，但却写出了一份份珍贵的悟拳心得，收获颇丰，可谓“有付出必有回报”。而今，他破除传统武术“秘诀传内不传外”旧习，将大半生积累的拳修成果甘愿回报社会。

一、日记、文章摘录

浅议太极

拳论说，太极是无极而生、阴阳之母也。是不是可以这样来理解，无极是阴阳未分之混沌体，由无极一动分阴阳而为太极。

我认为，在实用当中的太极状态是，要与对方渗透合一，要舍己从人、无过不及、不丢不顶，这样才能做到仰之弥高、俯之弥深、进之愈长、退之愈促，一羽不能加，蚊蝇不能落。

怎样才能达到以上太极状态？我的体会是，要大松大软、透空无为地练拳，久久练习，练出中定，练出内劲，练出浑元气。这样，自我感觉周身似大气筒，能落地生根。当有了这种感觉后，再透空无为地去运用渗透合一、舍己从人、无过不及、不丢不顶，这样才能引进落空、四两拨千斤。如果练不出中定，不能透空无为，不能渗透合一，不能舍己从人、无过不及地对待对方，那就永远做不到四两拨千斤。

拳论讲，阴阳相济方为懂劲。什么是阴阳相济？我理解就是阴不离阳，阳不离阴，阴阳互为其根。体现在与人搭手上，就是粘走相生，粘即是走，走即是粘，与对方接触点有化、有粘、有拿、有放。所谓妙手一着一太极，就是说一着中有阴又有阳。

如何理解太极圈中那条中线？我认为这条中线就是阴阳相济，体现的是渗透合一、贯穿两极、融汇一炉之太极。以此线所寓之理去舍己从人、沾粘连随，才能将人吸得起、发得出。而且只要搭手便使人拿不出劲，对方既不能化，又不能抗，这就是太极劲。

（于2009年8月9日记）

悟拳点滴

（一）关于透空无为

《金刚经》云："凡所有相，皆是虚妄，若见诸相非相，则见如来。"我理解，所谓"诸相非相"，就是所有有形之相全不着心、不去看。从太极角度看，自己透空无为，看所有人也透空，即看敌方为无相，谓之视而不见，这就达到无我无他的境界。

（二）关于气

中气、浑元气，是透空无为、中定状态而体内大气贯通之气。我理解，所谓"上下相随人难进""上下随合妙无穷""涌泉无根腰无主，力学垂死终无补""站住中定往开里打""筋骨松，皮毛攻""完整一气，虚灵在中"等拳论要义，皆指中气贯通。

太极拳名家陈品三言，中气即不偏不倚，无过不及，不刚不柔，至当却好之气。处在中气贯通的状态，便可达到"虎无所措其爪，兵无所容其刃"（老子语）。

在中气贯通的状态，与人试手，可使对方进不得劲，退不能走，如同双脚站在圆石之上，不敢乱动，有稍动即倒的感觉。让对方有力不能用，心服口服。

我与学生日常练习推手时，只要做到透空无为中定，就可发放自如，对方总觉得无劲可施，像是手短拿不出劲来。

平时要注意养气，在打拳、推手及日常生活中都能养气。养先天气、中气、真气、浩然正气。上述之气通称为浑元气。

在与人接手时，临场要先顺气，全身放松、透空；心里不想怎样防或怎么打，是无为；意想上下贯通，感觉足踏棉花。莫有"惰气"。惰气是散漫、没有精神之气；勿有"逆气"，逆气是争强好胜之气。

练气还神，神形合一。在这种状态下，有感应功能，能使敌见而生惧、发呆。所以，神形合一打敌敌不知。所谓"走中"，就是透空无为，神形合一，无为之为。

我认为，中气是一种"电能"，在体内流行，是活泼自然的。静坐或打拳，是以后天之形将中气贯串之。此气有穿透力，入水不侵，遇火不焚，刀砍不断，风吹不散。

太极拳名家陈炎林讲过，练太极拳初步呼吸专用鼻不用口，与普通呼吸不同，且至艺高时，胸腹之气，可分上下两层。呼时，上层气（后天气）由鼻呼出，同时，下层气（先天气）反降入丹田；吸时，上层气（后天气）由鼻吸入，同时，下层气（先天气）反由丹田逼上。此境界即为气通，拳练到一定程度，就是这种呼吸法。对初学者来说，不可勉强，但求呼吸自然。否则，过于追求气沉丹田，必生病症。

道家称先天气为灵气、真气，认为此气乃与生俱来。佛家称此气为“暖”“业识”。

孙禄堂大师讲过，假后天之形，不用后天之力。一动一静纯任自然，不尚血气，意在练气化神。

人生下来就有元气，于身体内外流行不息。从太极拳的角度看，此气即“太极”。以体而言，为太极；以用而言，为一气。欲上则上，欲下则下，一气活活泼泼，开合自然，所谓太极是也。在临敌之时，吾透空无为中定，待敌微动，吾自然开合，显现威力。如不适时开合，一身惰气，乃差之毫厘，谬以千里。一旦失去太极，便没有威力。自然相合为应物自然，应物自然即“太极”。能以自然开合，动静交发，悟其本源，则可在各式乱环中得其妙用也。

凡练行气运气，皆属后天之为。如何行气运气？《十三势行功心解》指出：“以心行气，务令沉着，乃能收敛入骨。以气运身，务令顺遂，乃能便利从心。”陈品三先生讲，打拳若是硬手纯是练气，气练成亦能打死人。但较之于理，究竟低耳。习此艺者，往往失之于硬，盖由尚气血（用气用力）不尚义理……心身不可使气，手中之气，仅仅拎起手臂而已，不可过，过则失之于硬。

杨澄甫大师讲：“练太极拳全身松开，不便有分毫之拙劲，以留滞于筋骨血脉之间以自缚束。”全身松开，气血畅通，则意到气到劲亦到。《十三势行功心解》讲：“全身意在精神，不在气，在气则滞。有气者无力，无气者纯刚。”这里说的“无气”，是“全身意在精神，不在气”的意中“无气”，意中“有气”就是“尚气”了。所以，徐震先生讲的“尚气者无力”与《十三势行功心解》中“有气者无力”之义相同。董英杰大师把“无气者纯刚”之说改为“养气者纯刚”。我认为，这“养”字较“无”字更有意义。

练拳时，慢匀以养气，松柔以养血。慢则细长而匀柔，松则无力而舒畅。快速则伤气，紧张则伤血。若气血两伤，则命在旦夕。所以，练太极拳慢吞吞的、软绵绵的，目的在于养血，延年益寿。

古代哲学十句养生名言：①少言语以养内气。②寡色欲以养精气。③薄滋味以养血气。④咽津液以养脏气。⑤戒躁怒以养肝气。⑥节饮食以养胃气。⑦匀胎息以养肺气。⑧少思虑以养心气。⑨不漏精以养肾气。⑩慎行藏以养神气。

（三）关于神形合一

陈微明先生论太极之言：①腰不松、直，力则不能由背而发。②太极踢腿乃松强之劲。③逢丢必打。④用意屈伸自由，纵横莫测，机之发动，如电光之闪，弹之爆炸，彼虽跌出尚不知所以然，此意胜于力也。⑤知法而无劲，有劲不知法，皆不能拿人。⑥能整能散，能柔能刚，能进能退，能虚能实，乃太极之妙用。⑦诱之以利，攻其不备，是为用力之高招。⑧若太极听劲不高，不能粘住敌人，则不必与人动手。

郑曼青大师关于自肩至腕舒筋法：以舒腕为先，肘次之，肩又次之，毫不用力，由至柔而渐进，皆以曲中求直，曲既不宜，直亦不可，有缺、有凸凹亦不可，终以舒筋至中指尖为止。

我认为，练神形合一，大体分三个阶段。

第一阶段练舒松：①自肩至手指。②自胯至涌泉。③自尾闾至泥丸。

第二阶段练行气：①气沉丹田。②气达涌泉。③气达泥丸。

第三阶段练神明：①听劲。②懂劲。③阶及神明。

何谓神？神是灵气。若没有中气，就不能因敌变化示神奇，也就没有神形合一。如陈鑫先生所言，神者，精气发生于外，而无难涩之弊之灵气也。人有三宝“精、气、神”。人生至二十一岁，先天气上升，人身随之发育；二十一岁以后，真气下降，时人易伤神耗气，真气即化精而下，渐渐气退而老。为此，养生家探索出延缓衰老之法，即练精化气，练气化神，练神还虚。由于真气下行浊而成精，若不知节制，必久而成鬼；若真气上行清而成神，勤苦练之，则久而成仙。

从太极拳的角度来看，神是精气发于外，能察觉敌之细微变化，且能因敌变化示神奇。此精气即中气、浑元气、真气、灵气等。故而，神以知来，知以藏往，人不知我，我独知人。

从拳上理解这四句话，源于精气（元气）能发于外，能察觉敌之细微变化，即敌欲动或敌微动，我便先知，于是自然地与敌“合一”，方可因敌变化示神奇。但这不是用意或有形地盯着对方去与敌抢先合一。若集中精神去抢先，就会被对方发觉，就总不能抢到头里去，往往是敌我相顶，或是拉拉扯扯摔大跤。临敌必须透空无为、中定、立不摆架。即临敌如绣女，看不到敌之狰狞面目，云雾濛濛地只看到对方的影子，可谓“视而不见”。是以透出体外之神气去察觉敌之微动，我即与之自然“合一”，谓之“应物自然。”于是，不管对方怎样进攻，或势如猛虎，或狡猾善变，我皆能在其欲动之际与之自然“合一”。这样，不管是发放或是走化，皆能轻松如意，达到吸能吸得起，发能发得出的神奇境界，是为高手。

因为，能走在敌之前去“合一”，这是个道。如果集中精神看敌动，那就有了形。同时，敌进攻也有形，以有形之身去抢对方有形之体，那就有形对有形，这是顶。若以透空无为、无形之体，待敌有形之体进攻之时与其“合”之，则是以无形对有形，即柔软对刚硬。这样，与敌“合一”不丢顶，方显太极之神奇。

太极以空无为本，贵在精神，以神应物自然合一，与对方接触后则化、拿、发，或化、拿、空。可谓之，一触一发一触空，发发空空妙无穷，神形合一更威灵。

入静体悟

双目云雾微濛濛，留意调息息无声。
宁神松静犹无念，觉明本是暗中灯。

练拳妙境

心脑清清空灵灵，身手皆无透体空。
盘拳尾轴灵活转，上下相随中气通。

太极体用诀

透空无为中定安，阴阳合一意占先。
一触松化缠拿发，一触松化缠拿空。
一触即发一触空，发发空空妙无穷。

习拳悟语

（一）

全体松通如铅灌，双足似觉渗地间。

臂如肩吊象鼻子，肌肉若一固成团。

（二）

太极伴随生活间，立行坐卧松自然。

盘拳打轮守中定，周身一家练中线。

注：此处所言中线，乃为太极图阴阳鱼之中线。

（三）

沾似磁铁吸即起，连似针线不相离，

粘似轻舟漂水上，随似形影紧相依。

（根据2010年2月至3月的笔记整理）

习拳感悟

1. 由无极而太极的体会。无极无底洞，万物空空容。太极兆将萌，动则泰山崩。 翻江倒海龙卷风，惊弹冷炸无为中。

太极高手能使敌有大力而拿不出、出拳快而不能快，即用力不能、想快不能。

2. 修拳有感：世上万事，善恶自然。看破放下，自然了之。心胸宽阔，自能容下。能忍自安糊涂难，胸纳百川寿无边。

3. 关于定劲的体会：太极体现五行金木水火土，即进退顾盼定。定劲属土，土生万物。因此，有了定劲，才能拿放自如、变化万千。

据传，杨健侯将手轻轻往对方身上一放，对方便身不由己、完全被动、大小劲都拿不出来，感觉脚下无根，且东倒西歪，前后不稳。我认为，健侯先师用的就是定劲。可见，定劲是太极拳一大法宝。不管对方有多大劲，一搭上手就被完全控制，且有随时被发出去的感觉。

我体会，定劲可概略分为三种形式：以内劲定人为重；以意气定人为轻；以神气定人为空。后两种是与敌不接触即定之，使敌感觉不得势，丢了，而且动弹不得，无劲可施。

由此可见，太极以空无为本，贵在精神。临敌时，要透空无为，待敌欲动，即以意合之。此乃谓敌形未动吾意先吞。亦谓之，神已知来，智已藏住。即外要藏住形，内则以意与敌合一。此时，敌刚挨吾之皮毛，吾意已入彼之骨里。同时，吾既有化（渗透），又有拿（缠丝），使敌欲进不得、欲退不能，使大力不行，用小力也不行。如同将敌捆起来，或沾或粘，吸能吸得起，发能发得出，拿放自如。吾形未动如泰山，动则泰山崩；或形未动风平浪静，动则翻江倒海、巨浪滔天，孰能挡之?

定劲是很难练的。习拳有了定劲才算入门。前进后退、左旋右转皆能透空，保持中定状态，这样身上才能自然地透出虚无之气势。有了虚无的气势，才会有定劲，才能使敌无法迅猛进攻，总感觉有力无法使。

怎样才算懂劲？我认为，懂劲的前阶段，能用意与对方沾粘连随、自然相合、引进落空。懂劲的后阶段，则是内里虎豹雷音、大气鼓荡，敌方来劲能自然沾粘连随，将敌空而制服。所谓无为无不为，就是自然劲，是太极拳的高境界。

（于2010年3月3日记）

自悟拳之要

1. 太极无为无不为。只管耕耘，不问收获。重收获则有为，有为则有形有相。

2. 不争自胜，打人于不知不觉之中。只要争胜，就显露形与相。所以，只有无为、不争胜、舍己从人，才能不失战机，与之相合，打人于不知不觉之中。

3. 不先出手，出手则无形无相，此为出手不见手。保持透空无为、中定，待敌先动或欲动，即以意合之。第一回合完结，即回无极状态待之，敌再次进攻，则重新与之合一变为太极。悟之。

4. 在透空无为、中定状态下，如何待敌欲动以意合一？我只管透空中定，不能想合，因为一想合就有形有相。所以，不想合之自然合为灵，才是无为无不为。

5. 要在战斗中、打斗中自然寻机势。所谓自然，就是不去刻意寻机势，是不想之想。机势是在自然打斗中的有机结合，即阴阳合一，不失机势，胜负立判。

6. 平时与自己的学生搭手能够做到无为、自然合一，但当与生人或长得高大凶猛者接手时，便不自觉地寻找机势想与之合一，仅一念之想，就有了形。可见，与任何人接手，都不能人为地寻机势，而是不想合则自然合一，即以无极状态待敌欲动，不想合而自然抓先机与其合一，此乃为无为无不为之高境界。

7. 杨健侯先师讲过，胜败在于“合”。在与敌交手中不丢机势，自然与其合一，乃胜负立判。如《太极平准腰顶解》所言：“对待有往来，是早或是晚。合则放发出，不必凌霄箭。”就是说，在与敌交手中不是以力或狠招欺人，而是靠阴阳合一胜人。

8. 任君开展与紧凑，千万不可离太极。在实战中，不管对方来势多猛，或恶虎扑来，或狡诈多变，但其每招每式皆在吾掌控之中。要做到这一点，必须在对方出手时与其阴阳合一，拿住其劲路，使之拿不出劲、背势、失重。如此接手合得妙，关键在于不离太极。

9.《太极拳论》云：“人刚我柔谓之走，我顺人背谓之粘。”敌如虎扑来，吾则合之走之，使敌捕风捉影。其背势，劲不顺，此时，吾则合而截之，用粘劲发放。关键要合得妙，审机势，视敌之顺背，自然阴阳合一，该粘则粘，该走则走，粘则发出，走则空之。吾出手则神形合一，敌出手则丢。总之，要掌控敌之顺背，自然合一，运用刚柔粘走。

10. 松无底，静无底，透空无为无底，无为无不为无底。松是形体，形要松得玲珑透体，如水中月。静要静至极，无心，什么都不想。只有虚静至极，才能透空无为。真正透空无为，方能无为无不为。无为无不为，是太极最高境界。

（2010年7月1日整理）

对“神形合一”的一点感悟

太极拳当练到神形合一之时，其威力无比，主要体现在：①神形合一能使对方发呆。②神形合一能把自身的最大能量在瞬间发挥出来。③神形合一的质量达到一定程度能出现“慧光”。此“慧光”有感应功能，并且入水不浸、遇火不焚、刀砍不断、雷打不变、风吹不散，此乃为人生命之宝物。

太极拳如何能练出神形合一？要大松大软、透空无为、一动无有不动地练拳，久之则实现内三合，即神与意合、意与气合、气与力合；在外形上，达到外三合，即肩与胯合、肘与膝合、手与足合。内之心意气相合，再与外之身形合一，即为神形合一。

解①神形合一即虎啸猿鸣，使人很害怕。例如人在公园观虎，猛虎突然大吼扑来，便会使人魂飞魄散。又如一人独处森林里，一片寂静，突然间一声怪叫或被惊打，会让人很恐惧。太极拳的神形合一发劲，就是以上的效果。

解②据高级体育教师李文玉发表的《运动生理学》一文所载，人在正常情况下用力，一般只是人最大潜能的十分之一。神形合一发劲，可在极短时间内把人身潜能最大程度地发挥出来，比正常人力量大好多倍。

解③神形合一出现“慧光”，具有穿透力和感应力，能使人离几米远受侵袭，发呆、害怕、拿不出劲来，或是站立不稳、提心吊胆。

总之，太极拳神形合一发劲，使敌发呆似木桩，能在极短时间发挥出最大能量，与敌接触点有化、有拿，且有“慧光”覆盖及感应功能。故而，在透空无为中定气势下，以神形合一发人，威力无比、无坚不摧。

（于2011年5月5日凌晨4点记）

对“阴阳相济方为懂劲”的粗浅体会

杨健侯先师言：“胜败在于一个‘合’字。”又言：“不照我说的做不行，照我说的做没有功夫也不行。”在现实当中，与人一搭手，合上了就胜，合不好就败。合不好就会顶上、拉扯上，成了摔跤的功夫。我理解，健侯先师讲的“合”字，就是与对手阴阳合一。但是，阴阳合一没有功夫的确不行。我认为，这个功夫有二。

其一，要透空无为。要先是无极，因为只有无极才能生太极。这个透空无为即无极体，它很难练。只有练成了无极体，同时又会运用它，才是真正的“脱俗”。太极拳的老前辈当中，如陈长兴，杨家三代杨露禅、杨班侯、杨健侯、杨少侯、杨澄甫，还有孙禄堂等，这几位先辈都是脱俗的高手。杨禹廷大师说过，太极高手不以功力欺人。脱俗高手是以虚空为本，以神意气、虚无气势而达到无为无不为，他们是以一把钥匙开一万把锁的“万能钥匙”胜人。

世上一流脱俗高手是太极门内之大乘，古今不多。中乘功夫的高手已经了不起了，如杨式太极拳、吴式太极拳都有些让后人敬佩的代表人物。这些人中，有的达到了中乘功夫，已接近上乘；个别的是上乘功夫且接近大乘。可以说，先师们为中国传统太极拳的传承与发展都作出了不可磨灭的贡献。

其二，要有大德。有了无极体要达到透空无为，还须有大德。有大德的习拳者能包容对方、包容所有人。在拳修当中，善于和自己走不好的人多推手，并且不怕丢或不得势，重在磨炼自己。能不能与对方阴阳合一、阴阳相济，这需要工夫去磨炼，直到最后达到轻松如意、毫不费力，与人一接手就拿放自如，使对方接手就起根，如同碰上地雷或陷阱，不是被打得倒地或弹出，就是捕风捉影。

从太极推手上来说，不推万人者则不足以推一人。

对推手走不好的人，不能埋怨对方，说什么你不整啦、散啦等，主要应从自身功夫不够、修炼不到家上找原因。在这一点上，先师们就是最好的榜样。如太极之大乘者杨露禅三进陈家沟，在一进后，他的功夫同永年县当地武术的一般手差不多；二进之后仍然胜不了当地的武术高手；当三进陈家沟之后，他的老师陈长兴说，这回你就没有对手了。我们试想一想，连打遍天下无敌手的杨露禅都是这样，何况我们呢？所以，要不怕丢，要多推多练。杨澄甫在其父杨健侯去世后，便收了拳场，关门自修7年，觉得差不多了找吴鉴泉及他人试手，这期间修炼的就是阴阳相济、无为无不为的功夫，所以才逐渐脱俗，练出了上乘功夫。在武术界，好多武术家都是在不怕丢、反复实践中成长起来的。

得脱俗之大乘功夫者虽然古今不多，但有大德、大悟、大功夫、大造化之人必能得之。

（于2012年9月11日凌晨1点记）

谈谈练中定

我的好友简启华先生，在担任北京武术运动协会吴式太极拳研究会会长时，特约我写一点儿太极劲及“四两拨千斤”的东西。由于我曾发表过《吴式太极拳名家——王茂斋先生二三事》（刊载于《武魂》2008第9期），所以，《武魂》编辑也约我写一写太极沾粘截劲。应这两方面之约，便写了这篇文章，算是抛砖引玉吧。

中定是太极拳的灵魂。没有中定，就没有阴阳合一；没有阴阳合一，就没有沾粘连随；没有沾粘连随，就没有四两拨千斤。练太极拳是否入道了，检验的标准就是能否借对方之力，能否四两拨千斤。太极拳所练的不是力气，可以说，太极拳算是气功，是练浑元气。也可以说，形意、八卦、太极这三大内家拳练的都是浑元气。浑元气就是周身一家、完整一气，就是“中定”。有了中定，全身会感觉暖融融的、火辣辣的、胀乎乎的，从手梢到脚梢都有气感。我现年七十多岁了，平常这手指头和脚趾头总是红彤彤的、胀乎乎的，很饱满，或许这就是大气贯通、气达四梢的缘故吧。当有了中定，必然大气贯通，这样与人一搭手，就与对方阴阳合一。只有阴阳合一，才能懂劲，才能四两拨千斤，才能沾粘连随。

那怎样练中定？下面，根据自身练拳的实践，谈点儿粗浅体会。

首先，要明理。关于什么是中定、怎样用中定，太极拳先辈们已经在拳论中说得很明白。

1. 张三丰祖师曾说，“筋骨松，皮毛攻”，节节贯串，虚灵在中。我认为，前两句是讲怎样发劲。“筋骨松”，是松化劲。在与人接手时，你周身的筋骨这么一松，对方的作用力就空了。例如，对方用双手来抱你，你“应物自然”全身一松，对方便抱空了，他就会不自觉地起根。如果对方抱空之时，你接着来个“皮毛攻”，他就被放出去。实际上，这“筋骨松”是化，是引进落空；“皮毛攻”是合，就是发劲。也可以说，“筋骨松，皮毛攻”就是“引进落空合即出”。“皮毛攻”是发人，是“合即出”。

所谓“节节贯串”，在“筋骨松，皮毛攻”的基础上，紧接着是周身一家、一动无不动、节节贯串、完整一气，其根在脚，发于腿，主宰于腰，由下而上地节节贯串，把劲运行至对方的接触点上，这就是发劲的过程。

所谓“虚灵在中”，是说化劲，或放劲，或周身一家把对方发出去的威力全在于“中定”。如果没有“中定”，就不能大气贯通、气达四梢，就没有把人发出去的威力。所以说，必须“虚灵在中”。

2. 杨班侯先师总结的乱环诀：“乱环术法最难通，上下随合妙无穷。陷敌深入乱环内，四两千斤着法成。”第二句的“上下随合妙无穷”，就是要有“中定”，要大气贯通，才能变化无穷。这不是说上面手在动、下边脚也动就是上下相随，而指的是中定之气由脚而腿、而腰节节贯串、周身一家、完整一气地行于接触点。如果没有上下相随之“中定”，就无法把敌引入乱环内。引劲很难，引劲必须无过不及地与对方阴阳合一，这样才能使敌落空。与对方一搭上手，就要不即不离，合得正好。顶一点儿不行，离一点儿也不行。顶或离都不能使敌劲落空。所以，如果没有中定，就不能大气贯通，也就无法做到无过不及、阴阳合一，因而就不可能引进落空。

3. 王宗岳宗师在《打手歌》中言：“掤捋挤按须认真，上下相随人难进。任他巨力来打我，牵动四两拨千斤。引进落空合即出，粘连黏随不丢顶。”其中的“上下相随人难进”，也是指的有了“中定”，才能大气贯通、上下相随。如果不能上下相随，那掤、捋、挤、按、採、挒、肘、靠就不灵，就不能控制对方劲路。没有“中定”，也就不能牵动四两拨千斤，不能引进落空。例如，对方如同猛虎般地扑来，我在透空无为、中定的状态下自然一合，然后坐身转腰，此时连一两劲都用不上，对方便从身旁跄出丈外或摔倒。

4.“站住中定往开里打”，这是杨露禅师祖告诫吴全佑的一句名言。据说吴全佑对他的老师杨露禅很孝顺，在杨露禅病重期间，吴全佑守护在床前，他问杨露禅，我怎么推手总是不行？ 杨露禅说，你的功夫挺好啊。吴全佑又说，我与师兄们搭手总是不得势。杨露禅便讲了一句话：“站住中定往开里打。”我的老师刘晚苍在与弟子推手时，也常讲“站住中定往开里打”。我跟随刘晚苍老师学拳10多年，在恩师的直接点拨下，我对“站住中定往开里打”这句话有一点儿浮浅感悟，概述如下：透空无为中定安，阴阳合一意占先，一触松化缠拿发，一触松化缠拿空。一触即发一触空，发发空空妙无穷，神形合一更威灵。

5. 武禹襄在《十三势行功要解》中讲："立身中正安舒，支撑八面；行气如九曲珠，无微不到，所谓'气遍身躯不稍滞'也。"这位先师强调的也是中定。只有中定，才能气达四梢，气在全身运行。这样，八面来劲皆可化拿发，收放自如。

其次，要得法。如何练中定？我认为，以下几种方法可供参考。

第一，打拳练中定。练拳架既要大松大软，又要周身一家。全身一动无不动，不管左旋右转，都要由内而外、由下而上，内劲皆由脚底向上返，细胞拉细胞，节节贯串，完整一气，慢匀圆贯地练每个式子。感觉双脚踏地有渗透力，好像渗于地间，我将其叫作"双沉"。有了"双沉"，练拳会觉得双臂、两手都沉甸甸的，运劲好像拉丝，我认为这种状态是练精化气，能长内劲。日久练习，又会觉得双脚如踏棉花，双臂轻灵，手之舞之、足之蹈之，飘飘然，我认为这种状态就是练气化神。练拳再提高一个层次，就会感觉把自己练没有了，我认为这种状态就是练神还虚。到了这个阶段，个人感觉很舒服，练拳就是修道，这是高境界。

第二，推手练中定。太极以空无为本，贵在精神。所谓空无为本，表现在临敌时，透空无为如绣女，待敌欲动，己先合之，也就是意在敌先。所谓贵在精神，体现在与对方接手上，在动之前无霸气，因为一有霸气，就有争胜心；有了争胜心，就表现在形上；一有形，其意图就显露出来，你的一举一动，对方无不知晓。同时，若有形，那就不透空无为了，更没有虚无气势，这就离开了太极，不是太极拳了。若出手有形，那是有为之为。太极拳练的是"无为"，练出来的是"无为无不为"。有为之为是拳击散打，是有力打无力、手快打手慢，是靠力大和招数胜人。太极拳先是重劲不重招，进而重神意不重劲。太极拳临敌无"惰气"，保持透空无为状态。待敌欲动，我意已合好；待彼拳刚挨我皮毛，我如皮燃火，即心一冷，以迅雷不及掩耳之势放劲，如拳论所云：虎啸猿鸣，泉清水静，翻江倒海。走空劲、沾劲，就是"西山悬磬"，妙极了！与敌接手，不管怎么打斗，千万不可离太极。张松溪、杨露禅师祖运用"西山悬磬"劲特别妙。例如，杨露禅在张府运用"西山悬磬"打张府的护院镖师；张松溪在酒楼与三个和尚交手，也是用"西山悬磬"把和尚空出，接着背后一掌，将其从后窗摔出。

第三，站桩练中定。站桩功对练中定很有帮助。我根据多年站桩的体会，作了一首《站桩诀》：

两腿气筒足灌铅，双脚好像渗地间。
周身气筒胀又圆，力大无边赛罗汉。
身似气球飘飘然，腾云驾雾似神仙。

《站桩诀》的第一句，是站桩中练出沉劲，有落地生根的感觉。第二句，是体会练中定、练浑元气。第三句，是感悟练神还虚，有飘飘然之感。以虚无气势打人威力很大，当年我和恩师刘老推手时，常常手没有靠上身就觉得站不住了，我问老师这是怎么回事，刘老说这叫“离沾粘”。

第四，日常生活练中定。我平时走步，或闲来逛街时，往往比别人走得都慢，我抬步用腰胯劲，落步时全身放松，松腰、松胯、松膝，一松到底，足下要有渗透劲。坐、卧时保持大松大软，久而久之全身松通，像是一个充满气的橡皮人，没有骨头没有肉，什么都没有，这就叫“透空”。说把自己松没有了是假的，人怎么能没有了呢，其实是说松得没有形了。据说杨禹廷大师到晚年时，身体松得就是个影子了。松无底，相对来说，一个人的功夫松得越好，太极内功就越整，中定就越好，身体就越透空，虚无的气势、侵人的威力就越大。

注意，练太极拳最忌讳“自动”。就是打拳不周身一家地运动，手是手、脚是脚地局部动，这样练的拳架叫散。打拳自动、散，越练越没有内劲，是盘散沙。这种练法没有气感，也练不出中定、浑元气来，表现在推手上只会拉拉扯扯，摔大跤，胡顶乱撞。这种练法即使练几十年，也练不出功夫来。与人搭手时，不能使对方起根，如前俯后仰站不住脚，更练不出四两拨千斤的功夫。总之，练拳用僵力、大力、散力去练，就练不出中定劲，更练不出手之舞之、足之蹈之，云雾濛濛飘飘然、如醉如仙之美感来。

王宗岳《十三势歌》言：“详推用意终何在，益寿延年不老春！”练拳美，推手也美。放人者，借力以神气鼓荡、阴阳合一，很美。被放者，尽管没觉着受多大力，但却已腾空欢跳而出，真是妙不可言。所以说，太极拳是道，练拳推手是在修道，是性命双修。相信太极拳一定能走向世界，为世人所爱、视为珍宝。

（本文系王云龙应《武魂》编辑之约而写，刊登于《武魂》2009年第6期，原文题目为“论中定”）

拳架习练体会

当年，被称为“太极三轩”的牛敬轩、田绍轩、李雅轩是跟随杨健侯先师学拳，他们三人奉杨健侯之命拜杨澄甫为师。在杨澄甫四十多岁第二次出山时，“三轩”中的“一轩”便从上海来到北京拜访杨澄甫，在与杨澄甫搭手时，自以为能顶上或拉扯上，不会被放出去。结果不然，一搭手就丢了。他不服气，一挣扎便被发出丈外。他没想到时隔七年，杨澄甫的拳艺从根本上发生了变化。首先是杨澄甫的拳架与三十多岁时的拳架完全不一样了，之前的拳架有形、有怒气、不中定；现在的拳架松沉、无形、无怒气，中定，有虚无气势。所以推手时，也从有形变为无形，从有力气变为无力气，达到了出手不见手，打人于不知不觉之中。这样，那“一轩”就摸不着杨澄甫的劲了，一接手就起根，他没想到杨澄甫会进步这么快。他心服口服，便重新拜杨澄甫为师。后人称杨澄甫是个练拳的天才，他父亲在世时，太极劲还没上身，后来闭门练出了太极劲。据说健侯先师在去世前曾对杨澄甫说，咱们杨家祖传的太极拳别毁在你手上。当杨健侯去世后，杨少侯与田兆麒去了上海教拳，杨澄甫在北京闭门自修七年，修出了太极的真东西，看他后来的拳架，就证明太极劲上身了。所以说，拳即是手，手即是拳。只有拳架好，那手才会好。或者说有什么样的拳架就有什么样的手。可惜澄甫大师去世太早，如果再活几十年，拳艺必能修到大乘，会教出不少太极高手来。

20世纪70年代，我曾拜访、请教过洪钧生老师，他说，练拳架很重要，自己在五六年前还找陈发科老师正拳架。据我所知，当时洪老师的拳架已经练得很好了，轻灵、稳健、中定、自然、潇洒、飘逸，但仍继续在拳架上求上进，经常请老师给正架子。可见，真正的拳家对练习拳架非常重视。洪老对我说，陈发科老师曾对他讲过，你什么时候拳架练得赶上我，你的手就赶上我了。

我是练吴式太极拳的，我认为，中国各个流派的太极拳，如陈式、杨式、吴式、武式、孙式等，如同书法界的颜体、柳体、欧体、赵体等，都一样好，不能说哪一家好、哪一家不好。不分哪家哪派，只要练对了就好，如果练不出东西来，那就不好。

吴式太极拳名家杨禹廷在1961年出版了《太极拳动作解说》一书，

看书中的拳照，每张照片都中定安舒，支撑八面。刘馨斋先生是杨禹廷的五虎上将之一，我与他一起习练、交流太极拳四十多年，他对我说：“杨老师出书的拳照，都是自己穿着厚厚的棉衣练拳拍的照。尽管是穿着棉衣照的，但是却非常沉稳中定，潇洒自然，透着虚无的气势，是一套难得的好拳架。”据说，在香港的马有清先生保存了杨禹廷先生的行拳录像及推手录像。这些宝贵的录像资料若能出版，那是广大太极拳爱好者的福分。马有清先生1958年跟杨禹廷先生学太极拳的介绍人是刘馨斋，马有清写给刘馨斋的一封感谢信，曾在我手里保存了三十年，后来我把这封信委托六合螳螂拳名家赵国忠先生转交给了马有清先生。

怎么才能练好拳架呢？拳架的好坏只是相对而言，谁都不能说自己练得最好，正如书法一样，谁也不敢说自己写的字是最好的。练拳虽然没有最好，但有个标准，只要将拳练出中定来，就是好的拳。因为有中定，就是练出东西来了。

那什么是中定？ 形意、八卦、太极三大内家拳种都是练中定，中定就是浑元气。浑元气在人体内，感觉是气感充沛，身内暖融融的、火辣辣的、胀乎乎的，说明内气在周身全通，可谓运劲如九曲珠无微不到是也。

怎么练拳架？我认为可分三步：第一步，站在水底部练拳；第二步，在水中部练拳；第三步，站在水面上练拳。

在水底部练拳。因为水有浮力，所以会站立不稳。这样，就要练松沉劲，逐渐使两脚落地生根。这是练拳的第一步，全身要放松，减去僵劲，直练得两条腿像是大象的鼻子，松松的、软软的、沉沉的，这才能站稳。

第二步是在水中部练拳。感觉身体浮在水中，像游泳一样，手动、脚动、全身都动，这样周身一家、完整一气、一动无有不动地去练每个式子。

第三步是站在水面之上练拳。本来人是不能站在水面上的，但要通过练拳练出这种感觉来。第一步的练法是用意不用力，全身放松，练出松沉劲来。第二步的练法是周身一家、一动无有不动、完整一气的练，这样能练出“整劲”来。经过第一步和第二步的练习，练到一定程度，就练出了浑圆体。这时，会不自觉地进入到第三步站在水面上练拳，那就是手之舞之、足之蹈之，飘飘然，如同腾云驾雾，又恰似站在水面上练拳，感觉与天合一，那种感觉是很美妙的。

马岳梁先生讲过，中定好的人，单腿独立，几个人上去都推不动。马老先生讲的中定就是浑圆体。浑圆体的状态练拳，是慢匀圆贯，如同抽丝一样，感觉双臂沉乎乎的、胀乎乎的，手指饱满，全身暖融融的，很舒服。练拳没有这种感觉的人，一是全身松不下来，有僵劲；二是自动，做不到周身一家，不是由内而外、由上而下、一动无不动、完整一气地练拳。这样练拳多年，从来没有气感，没有中定，这只能算是练太极操、太极舞。

总之，要练好拳，身体必须大松大软，周身一家，一动无有不动。练每个式子，都要松松地、慢慢地、匀匀地、无凹凸地、连贯地去练，这样一定能练好。

下面，我把行拳中的美好感觉作诗一首，奉献给初学者。

头脑里清灵空空，
心里松松暖融融。
周身飘飘云雾中，
满园春色三六宫。
祥和薰风荡芦花，
云雾濛濛行天涯。

（王云龙撰文，刊登于《中华武术》2010年第5期，原文题目为《论拳架》）

二、回忆恩师刘晚苍

我从小爱好武术，曾跟父亲学过小洪拳、小洪刀。二十几岁开始学习太极拳，最初是跟着解华祥老师学习杨式太极拳。跟解老师只学练拳架，没有学推手。解老师讲，推手能四两拨千斤，搭手对方就拿不出劲来，不费力就把人打倒。当时，我很想学这种功夫，但没有机会学习。后来，我认识了龙口籍的刘馨斋老师，他是北京杨禹廷大师的弟子。他对我说，杨老师推手功夫很好，能搭手放人两丈开外。从那时起，我就跟着刘馨斋老师学习推手。但刘老师不能把人放出去，有时我们俩一推就顶，像摔跤一样。为了学习四两拨千斤的功夫，我到过很多地方，拜访过不少太极拳老师，但都没有让我推不着的功夫。像现在有的武林大会，身体重力气大的就能取胜，很少见到拳论上讲的四两拨千斤。因此，我曾怀疑过这太极拳到底有没有四两拨千斤的功夫。

后来，同我一起练拳的老朋友聂金良去北京探亲，他在地坛公园遇见了刘晚苍老师，回来对我说，刘老师六十多岁，与二三十岁的人推手，能一放就发出二三丈，在北京很有名气，人们都称他“刘三爷”。于是，我决定到北京拜访刘老师，当时真希望聂金良说的是真的，别再让我失望了。

我先坐船到了天津，在天津买了去北京的火车票。买票后，我到天津中心广场去逛了逛，看到有一帮人在练拳、推手，我便走过去，很虚心地向他们提出来学习学习。我就逐个人推了推手，结果从二十多岁的年轻人到七十多岁的老人，全都是拉拉扯扯，和我不分胜负，没有一个能使我拿不出劲、将我放出去。后来，又过来了一位烟台人，得知我是龙口人，便说与他是老乡。这位老乡有四十多岁，体重一百三十斤左右。他和我推了下手，结果又是拉扯在一起，没分胜负。老乡说，这分明是摔跤，哪是推手啊。我们俩对太极拳推手的认识是一致的，但却没有办法，遇不到会推的，就得这样瞎推。这时，旁边一位老先生说：“等一会我们的老师来了，你再和他试试。”我一看时间九点了，我买的是十点多钟的车票，得赶快去车站，不敢再等了，怕误了火车。后来我向刘老师说起这段事，刘老师遗憾地说我没有福气，那位老先生说的老师其实是郝家俊，是一位难得的好手。在场的吴彬芝老师也说郝家俊是高手。这件事成了我今生的一大憾事。

在北京第一次见到刘晚苍老师，我的印象非常深刻。进了地坛公园西门，向西南方向一看，有一帮人在推手，其中有一位老者，慈祥威严，体魄浑厚，有一种大武术家的风范。众弟子轮流上去与他推手，结果一搭手就被发出两丈开外。再上来一个弟子，刘老师一引一化一放劲，便被打飞了，非常好看。我第一次看到这么美的推手，发人者没有用力，被发者似腾云驾雾般出去了。

我给刘老师深深地行一个礼，说：“我是从山东龙口来的，我很爱太极拳和太极推手，走过不少地方，拜访不少老师，还没有见过您这样的推手，希望拜您为师，请您收下我这个龙口来的徒弟吧。”刘老说：“好啊，我是蓬莱人，咱们是老乡。你爱推手，来，试试手。”我当时身高一米七七，体重一百六七十斤，能扛四百斤重物，还练过外家拳，从没遇到过能降服我的人。当时我才三十三岁，刘老已是六十五岁的老人，年龄、体力上我尽占优势。结果和刘老师一搭上手，我就感觉“漂”，脚底无根，使不出劲来，不知怎的，稀里糊涂就被扔出两丈多。一连搭手三次，都被发出几丈远。而且真有缘分，第一次推手我就会蹦，没有摔倒。刘老师特别高兴，非常愿和我推手，我们就这样认识了。之后，每年我都抽空去一趟北京，跟老师学个十天半月。

有一次，在刘老师那儿遇到一个长得很威风、蓄着大胡子的七十多岁的老师，据说是吴鉴泉的徒弟，他还领着一个小个子，年龄九十多岁。刘老师说，这小个子是形意拳大师李存义的徒弟，还跟着杨禹廷老师学了二十多年太极拳。那大胡子老师与刘老师一搭手，就小退两步，并说刘老劲真好，要是放劲，他就出去了。他们之间互相都很客气。这大胡子老师提出和我推推手，刘老师说：“云龙你注意，这样的手在外面你看也看不到。”我明白刘老师这话的用意，那位大胡子老师与我只打了打轮，没有问劲，只说挺好。

有一次我到刘老师家，刘老师很高兴，说：“云龙快来，今天就咱爷俩，不要和在公园里那样推手，还有些不好意思。今天你把所有本领全拿出来，只要别砸了家具就行了。”其实，我每次和刘老师推手，都不是做假，就是拿不出劲，稀里糊涂地就被放出去了。今天没旁人看，刘老师又让我把本领都拿出来，于是我想尽力和老师拼一拼，结果一搭手就不得力，想什么法也不好使，总是不得势，前俯后仰，站立不稳，什么也摸不着。那个时候，刘老师大约是七十七岁。

我问刘老师：“您与李经梧老师推过手吗？”他说：“以前在你王子英师爷家推过。李经梧的手挺好。”再没有说别的。

后来，在烟台地区太极拳比赛会上，我遇上李经梧老师的好徒弟杨玉歧，他说，李经梧老师认为目前北京推手最好的是刘晚苍和王培生。

1985年6月，刘老师到龙口住了十多天。那时，正是收小麦的季节，我把刘老师安置在聂老师家住着。聂老师家只他一个人，他是离休干部，我就是听了他的介绍后，才去北京拜访刘老师的。刘老师在龙口期间，聂老师跟刘老师学会了吴式太极剑，刘老师还给我们俩讲了很多太极劲的知识。

根据刘老师所讲的太极劲，下面，将我所理解的及老师讲的有关情况做一介绍。

“合劲”这个合，不是指打拳中开合的合，是阴阳合一的合。太极拳中的神形合一、天人合一、阴阳合一，都是很难练到的功夫。所谓天人合一，是指行拳中定，大气贯通，气达四梢，能手之舞之、足之蹈之，飘飘然，似行云流水，又好像是腾云驾雾，自我感觉与大气合在一起，很美。所谓“神形合一”，是指在发劲的一瞬间，身形很顺，周身一家，既能手与足合、肘与膝合、肩与胯合，又能与内里的心与意合、意与气合、气与力合结合起来，内劲突然爆发，如虎啸猿鸣，野马脱缰，威力神速无比。所谓“阴阳合一”，是指对方一动，要与对方之劲合起来。拳论谓之：“阴阳相济，方为懂劲。”这阴阳合一，很难。在与对方一搭手的瞬间，就要无过不及地合好，运用的劲大一点，就过了；小一点也不行，就不及。所以，接劲要无过不及，恰到好处。同对方相合，如同水催磨动，水流大、快，水催磨转得就快；水流小、慢，水催磨转得就慢。拳论谓之：“动急则急应，动缓则缓随。”这就是阴阳合一。

刘老师在中华人民共和国成立前回老家时，都是从天津乘船到龙口，然后骑自行车回蓬莱。过去的龙口港，由于航道水不深，较大一点的火轮船靠不到岸，得靠大舢板船把人或货物运上岸。到了岸边，还得踏着桥板才能上岸。刘老师在港口上看到运煤的情景，便悟到太极拳的合劲。那次刘老师来龙口便对我讲：“云龙，过去你们龙口港由大船运来的煤，都得用大舢板运到岸边，然后靠两人抬筐走二十多米的桥板上岸。俩人抬一筐煤，在桥板上的配合就象推手的合劲，二人如果合不上点，就会掉到水里。二人必须合好，随着桥板上下起落，步子劲力一致才行。”

阴阳合一很舒服，在太极图上的阴阳鱼中线就是阴阳合一。与对方一接劲，就要阴阳合一。如果合不好就顶，就没有沾粘连随，就会互相顶撞拉扯，那就谁也推不过谁，便成了摔大跤，这样是练不出四两拨千斤的劲来。

关于空劲，刘老师讲，一只鸟往树枝上落，如果枝条朽透了，那鸟就踏空了，就会摔到地上。太极拳功夫深的人，你去一推就起根，这就是吸能吸得起。再说鸟落在一树枝上，枝条柔软且有弹性，鸟落上去给空了一下，接着会被枝条反弹劲给弹出去，这是引进落空合即出之劲。但引劲必须不即不离，引到对方空了想恢复平衡时，接着合，将对方发出。拳论谓之“引进落空合即出，沾粘连随不丢顶”。

刘老师说，有人爬山，山坡极陡，两脚踏不住要滑下来时，身边恰有一棵草，他伸手去抓住，一用力，所抓的草突然断了，人滚下山坡，这就是断劲。你往太极高手身上一按或一拽，感觉按上或拽住了，但突然断开没有了，把你给空出去，就是用的这个断劲。

刘老师说，有一次他到南方去，误陷在沼泽地里，越是挣扎，越向下沉。幸亏遇一位当地老人，告诉先不要动，然后找来一块木板将自己托起。后来刘老师根据这一现象悟到了太极劲，搭手让对方就起根，对方越挣扎就越不得势，直到被发出去。

香港一位著名武打导演，找刘老师试手，说：“我撞你两下行不行？”刘老师说行。这位导演拉开架子，来了一个肩靠，刘老师纹丝不动。又靠了一下，还是不动，他不靠了。刘老师说，再来一下。这最后一下，刘老师待对方欲动之时，则以意一合，接着逆其来势引进落空，对方向前俯，正要恢复平衡，刘老师突然发力，这位导演站立不稳，后退数步，一屁股跌到在地上。刘老师时年七十多岁，功力还如此深厚。

往事如昨，历历在目。刘晚苍老师是我进入太极拳高深殿堂的引领者，在他的言传身教下，我体会到了“四两拨千斤”的神奇，学到了真正的太极拳功夫。经过数十年的习练体悟，我在太极拳之路上不断地登堂入室，拳经上讲的拳理也不断地得到验证。太极拳这个古老的中华民族瑰宝，不仅带给了我健康的身体，而且使我体会到了“阴阳相济”“天人合一”“道法自然”的和谐美妙。希望太极拳的内涵能被更广大爱好者理解，不只用于锻炼身体，更要在净化心灵、提升境界、建设和谐社会上发挥独有的作用。

2014年7月16日

（王云龙撰文，刊登于《中华武术》2014年第10期）

三、吴式太极拳名家——王茂斋先生二三事

王茂斋先生祖居山东省莱州市（原掖县）大武官村，他与吴式太极拳宗师吴鉴泉同师，在当时威望极高。吴式太极拳门人中流传着一本《同门录》，其中第一张便是王茂斋先生的英照，第二张是吴鉴泉宗师的英照，其后是二位先生的弟子及子侄们的照片。在吴式太极拳的传承与发展中，王茂斋先生发挥了重要作用。吴式太极拳素有“南吴”“北王”之称。“南吴”是指吴鉴泉先生，他于 1928 年去上海教拳，形成以上海为中心的吴式太极拳传承体系。“北王”就是王茂斋先生，至今，以北京为中心的我国北方地区习练吴式太极拳者，多为王茂斋先生门下所传承。

王茂斋先生生于民国初年，成业在北京，开设“通盛福”门头，经营建筑材料。闲暇时，以授拳为乐，弟子及其再传弟子众多，其中不乏高手。例如，弟子中的彭广义、赵崇佑、张世聚、修丕勋、杨禹廷、王子英、刘光斗等；再传弟子有刘晚苍、王谙生、李经梧、马有清等。有些人还留有著作传于后世。笔者系王茂斋先生的同乡，又系吴式太极拳的门中人，听闻乡里流传王茂斋先生及其弟子的轶事颇多，故在此略书二三，以飨读者。

某年，王茂斋先生回家乡修建房子。一日，见一壮实的石匠在众人面前炫耀其力，言能负 600 斤重物而行数百步。王老先生上前笑问：“若我以两指按你头顶，你能起身否？”答曰：“慢说两指，一掌按头也可起身！”说着便蹲下身，王老先生则以中食二指轻点于石匠头顶，那人猛然用力起身，不料纹丝不动，只觉那二指忽隐忽现，隐似无物，又重如泰山。接连三次起身，都不能如愿，方才心悦诚服。众人问，为何石匠起身不得？王老先生答曰：“此乃太极拳之粘截劲，你们要练也可以学。”接着，王老先生又让石匠抱住他的右腿，看能否将他搬起。石匠依言而行，连搬数次，王老先生却似长在地上一样，丝毫不为所动。待石匠再次用力，王老先生微微坐腰沉胯，轻轻道声：“起！”石

匠应声飞身而起，向王老先生身后右侧跌出，眼看头面即将着地，却被王老先生一个转身接住，轻轻地放回地上，众人叹服称奇。

有一日，王老先生到莱州张世聚家坐客，见到张世聚的徒弟们正在推手。张世聚是王茂斋老先生的外甥，从小跟随姨夫学拳多年。张世聚老师有一弟子是赶大车出身，体重一百九十余斤，臂力过人，外号“铁牛”，推手总用大力胜人，同门兄弟都推不过他。是日，王老先生上前笑问，可否愿意试手。结果这位被称为铁牛的和王老先生一搭手，浑身的力量再也使不出来，反而自身站立不稳。铁牛开始不服气，突然以双手猛推王老先生胸部，王老先生微微含胸略一转身，铁牛不由得向旁侧抢出数步，方才站稳身体。王老先生又以食中二指点在铁牛前额，让他将此二指拿下。铁牛双手握住先生的手腕往上抬，不仅抬不动，自身反而跌倒于地。于是，他又转而下按，反而连连后倒，无论怎么用力都站立不稳，而王老先生的二指始终点在他的前额。时年，王老先生已七旬有余，尚有此等功力，铁牛等人十分敬佩，即向王老先生请教。王老先生道：“这便是太极拳的‘使彼力还彼身’的功夫，你辈若想学会此劲，务必去掉僵力，才能成功。”

接着，王老先生又和张世聚试手。张世聚以拳击老先生腹部，不料反被弹出丈外。张那一击用的是周身一家的整劲，寻常之人足以被击出丈外，可击到王老先生身上，却被老先生的弹簧力弹了出去，恰如以钱投鼓一般。接着，张世聚运劲再击，老先生微微收腹转身，让过拳锋，沾其侧面，不即不离，张世聚竟被沾出数步。王老先生又让张打他一个耳光，劲愈大愈好。张世聚老师后来对我说，当时真不敢动手。在王老先生的一再催促下，张照老先生脸上一掌，老先生却不招不架，待手掌刚刚及肤，略一转头，张即被旋起摔倒在地，王老先生讲：“这是太极拳的沾劲。”可是，能有几人对“沾劲”运用到这种地步呢？足见王老先生的太极神功已达到登峰造极之地步。

王老先生又给张世聚和铁牛每人一只手，让二人擒拿自己。二人一使眼色，同时用力向里侧擒制王老先生的两臂，不料老先生手臂略动，二人便撞在一起。接着，两人又同时向外侧反扭老先生两臂，结果又同时被摔出丈外。

［王云龙撰文，刊登于《武术健身》1992.6（双月刊）］

四、王茂斋弟子学拳故事

故事一

修丕勋（1892—1976），字柱臣，莱州市程郭镇大武官村人，为人忠厚老实，悟性极高，身体健壮，两眼神足放光，特点是鼻子很大。他是王茂斋先师的得意门徒，学艺一流，据传他的功夫仅次于王子英。修丕勋说，他本人和李经梧从来没见过面。但是，李经梧每次回到莱州老家，都让自己的徒弟给修丕勋捎十元钱。那时一个工人每月只挣二十多元，可见李经梧是很尊重修丕勋的。

我问过张世聚老师："您和修老推过手么？"张老师说："修老从北京一回来，就是成手，技艺很高。"

修丕勋习练八卦多年，小有成就，一般人不是对手。当年王茂斋回乡探亲，修丕勋拜访王老先生，与其试试手，结果一搭手就丢，修不服，朝着王茂斋胸部打一掌，结果被王老先生用截劲将其反弹丈外。修丕勋说，他从来没有遇过这样的对手。于是，便拜王茂斋为师，一同进京学习太极拳。

修丕勋在北京的邻居是位账房先生，听说修丕勋所练的拳是跟王茂斋学的，便说："柱臣，你练的这个拳我也能练。你跟掌柜的商议商议，我也学学怎么样 ？"这位账房先生叫赵铁庵，字崇佑，是拿笔杆子的，长得像个老太太，胖乎乎的，一身松软的肉，没有力气。修丕勋说："行，我给你去问问老师。"一问王茂斋，王老先生说："行，叫他来吧。"赵铁庵刚开始学的时候，一个式子三天没学会。王老先生说："算了，这样的学生不能教。"可赵铁庵一门心思要跟着王老先生学拳，他很勤快，每次都是早来晚走，在王老先生家里扫地，打扫院子，整理兵器架子，这都是他的事。他身上没有力气，推手是个好靶子。这样，王老先生又把他留下来了。平时，师兄弟们都愿和赵铁庵推手。再说那修丕勋，他学过武术，平时推手是用八卦劲，师兄弟们都走不好他。修丕勋自我感觉功力不错，很得意。可三年以后，修丕勋的八卦劲对赵铁庵就不好使了，其他师兄弟也大多走不了赵铁庵。修丕勋觉醒了，说："我得赶快扔掉八卦劲。"有一次，赵铁庵在外面练太极拳，遇到杨禹廷、馒头郭等在练八卦。馒头郭笑着问赵铁庵："就你这太极拳还能打人？"然后，照着赵铁庵的胸前打来一掌，赵铁庵以右手接馒头郭的右腕，用了一个"雀起尾"（是个截劲）把馒头郭发出丈外。对方连上三次，都被赵铁庵发了出去。在一旁观看的杨禹廷先生说："这个人几年没见，哪来这么好的功夫？"得知是跟王茂斋学的太极拳。于是，杨禹廷也拜王茂斋为师学习太极拳，后来，练成了一代太极大师。

以上这些真人真事的故事，都是修丕勋老师给我亲口讲的。

有一天，从上海来了一个著名医师，带着两个保镖到北京香山疗养，同时想找王茂斋学太极拳。王茂斋先让修丕勋去见这个医师。见面后，那两个保镖提出来要交流交流。这两个保镖是练拳击和擒拿的，有一位保镖先用一个直拳照修丕勋的胸部击来，修丕勋则以右掌截其肘，胸部截其掌，瞬间将对方弹出数步。对方回来后又是一个直拳，修丕勋即借势一个大捋，将其摔倒。那个医师一看修丕勋的功夫很好，就说："好了，你们不要比了。"于是，他就决定要跟着修丕勋学习太极拳，并对修丕勋说："你到上海去教拳吧，我给你介绍几个好主，挣的工钱够你用的。"修丕勋答应了去上海，但提出来先回家一趟，安排好了再去。回莱州后，正赶上日本人侵占了胶东，没法去上海。修丕勋的夫人后来说："幸亏没去上海啊，要是去了挣钱捎回来，我在家里用钱买地，那非成地主不可。"那时候，批斗地主是很厉害的。修丕勋回乡后，便与馒头郭开了个武馆教拳，以后又在莱州各地教拳，培养了很多太极拳人才。

故事二

王子英（1902—1967），也叫王杰，是王茂斋的二儿子，他的太极拳尤其擅长推手、散打，水平很是高超。从一九四几年到一九六几年，在中国武术界老前辈中属于一流水平。其成名弟子有王有为、姚俊千、毛有丰、刘晚苍、李经梧等。我所认识的太极拳老师及朋友，如修丕勋、张世聚、刘晚苍、刘馨斋、郭少良、马长勋等，无不对王子英的神奇拳艺十分佩服。下面，讲一讲我所听到的有关王子英等先辈推手或散打的真实故事。

我的老师张世聚，是王茂斋的外甥，张世聚是跟王茂斋学的吴式太极拳拳架，推手是跟着表兄王子英学的。所以，张世聚老师的拳艺特别好。

我跟随张世聚老师学习太极拳也有一段故事。那是1970 年，我去东北谋生，有一天，在哈尔滨兆麟公园认识了王历生，交谈中得知我们是老乡，于是，一谈如故。我讲起在北京跟刘晚苍老师学习推手的情景，搭手一想用劲，就被刘老师引进落空，发出两三丈外，震得双脚都疼。王历生对我说："你哪有条件到北京去学拳呢？我给你介绍个好老师吧。"于是，他为我写了一封信，介绍我去莱州吕村拜见张世聚老师。从那儿以后，我便跟着张世聚老师学拳，一共二十多年。张老师为人谦和，没有架子，也不保守。在向张老师学习推手时，只要我与他一搭手就拿不出劲来，挣扎就被放出去，或者一有劲就被沾起来。张老师真是位太极高手。有一年，张世聚老师要去东北，从烟台上客船。那时间是日本人占领了胶东，有一个日本人查船票，他看张老师长得很壮，便提出来要和他摔摔跤。那日本人一搭手就要背张老师，张老师就借对方的劲将其翻过去，自己仍然站地不动。那日本人又用那种背法来摔张老师，结果还是如此，气得那日本人哇哇直叫。周围看热闹的旅客害怕这样下去会出麻烦，都过去作劝解，顺便把张老师拉走，这才算了事。

张世聚老师对我说，公安部长罗瑞卿也跟王子英学拳。罗瑞卿被迫害打倒了，王子英的祸难也随之而来，被打成黑帮。红卫兵押着六十多岁的王子英，从北京步行到莱州大武官村，一千多里地呀！回到老家后，王子英的腿脚全都肿了。那时候，张世聚还不敢明着去看望王子英，因为张老师家庭成分不好，两个村相隔五十多里，张世聚只能在晚间去看看王子英。

张老师给我讲到推手时说："和子英没法推，一接手就前俯后仰，搭手就飞，不知不觉就出去了。"张老师还讲，有一次，他与王子英逛街，王子英在前面走，张世聚在后面跟着，王子英回头一看，说："我看就能把你看倒了。"张世聚说："是的。"张老师还对我说："子英那个人，如果他看不上你，你想跟他学拳，门也没有。"后来，我在练拳中反复琢磨王子英"能把人看倒"这句话，我认为，王子英在当时确实感觉到能把张世聚看倒了才讲的这句话。

张世聚老师有一个弟子体重二百多斤，有一次，他先拉大架子站稳，王子英以二指在其胸前轻轻一点，那二百多斤的大汉瞬间被击出丈外。大汉又转身扑来，王子英自然一合，右手一领，左手在大汉背部一拍，大汉则向前抢出数步，扑倒在地。那大汉十分佩服王子英的神技。

刘馨斋是跟随杨禹廷先生学拳的，后来成为杨禹廷的弟子中五虎上将之一。杨禹廷推手很好，刘馨斋在拜师之前，是从南方到北京找杨禹廷试手，结果，杨禹廷很轻松地把刘放出去了。我问刘馨斋："杨禹廷和王子英谁的手好？"他说："都很好。"他说和杨禹廷老师推手，常被发出两丈开外，有时头发梢能碰到白果树梢。有一次，刘馨斋见到师叔王子英，想和师叔推手，但子英不和他推。他便问杨禹廷老师，为什么师叔不和他推。杨禹廷说："你去他家，他就和你推了。"于是，刘馨斋就到子英家去。和王子英一搭手，感觉自己那几百斤的力气就没地方使了，前俯后仰，拿不出劲来，一挣扎被弹出去了。更有趣的是，有一次，他不知怎么回事，被王子英发到立柜上。刘馨斋说，看看那个立柜，往上爬都费劲。刘馨斋还说："子英师叔总爱闭着眼，是在静养。"这是在生活里的太极拳。

郭少良是莱州人，他与李经梧俩是好朋友。郭少良经李经梧介绍，跟着陈发科学习陈式太极拳。陈发科去世后，又跟同门师兄学习推手。郭少良在莱州当地教了不少学生。有一次，我去莱州拜访郭老，那年他80岁，推手发人时放劲很脆，体重二百斤的男子，搭手就被放出丈外。当时，我带了几个徒弟与郭老推手，也被发出丈外，郭老确是把好手。郭老对我说："北京的老武术家我都摸过手，如汪永泉、崔毅士、杨禹廷、吴图南等，他们都很好，各有千秋。唯独王子英放劲，简直就是爆炸，人被打得惊心动魄、腾空而出。"能看出来，郭老最佩服王子英，认为王子英的手是最好的。

我的师兄马长勋跟随刘晚苍老师学拳五十多年，在这期间，也跟杨禹廷、王子英等前辈学习推手。马师兄说，有一次在王子英师爷家玩，正遇上李某、温某在与师爷推手，李某、温某都被师爷打得满屋飞。子英师爷发人时就像只活老虎。通过马师兄说的情况，我理解，王子英师爷的状态是透空无为，一发劲就神形合一，像是只老虎，如《授秘歌》中讲的"虎啸猿鸣"，就是发人时神形合一的神态。

故事三

刘晚苍老师，关于这位先辈的神奇功夫已在前面的文章中讲过，在此不再赘述。这里，讲一下刘晚苍老师代表国家接待日本武术访华团与其比武的故事。那是1974年，日本武术访华团来到中国后，提出要与中国习练太极拳的交流一下。中方先是安排在国内习练太极拳的知名人士与其切磋，结果都被来访的日本武士打败。后来，官方负责接待的部门找到刘晚苍，要刘老师出面与日方交流。鉴于当时中国与日本建交不久，中方负责接待的官员从中日友好的角度，对刘晚苍提出了要求，即与日方武士比武，不能输了，但又不准赢，以免使日方武士受伤。可以说，这个比法很难。那年，刘晚苍老师是七十多岁。

据刘晚苍老师对我讲，那位出场比武的日本武师三四十岁，很精神，动作很利索。他用了武术中的拿法和摔法。第一个手法是拿腕，刘晚苍老师将右手伸出，对方双手拿住，听裁判口令，“开始”口令一出，日方就“拿”，刘晚苍老师顺势把对方沾起，日方武士的拿法失效。当时，如果刘老师接着再一发力，便会将对方摔出去，但他不能这样放劲，因为官方不许这样做。第二种比武形式是拿腕扭肘。刘晚苍伸出右臂，日方武士以右手抓住刘老师的右手，其左手扭住刘老师的肘，如同公安人员抓犯人的手法。比赛开始，刘老师顺势将右臂向内旋转，将对方拿起来。若此时再向外一抖手，就能把那武士摔出丈外，但刘老师还是遵照官方规定没有这样做，只是把对方拿住无法反抗就行了。第三种比武形式是摔法，就是大背胯。还是刘晚苍将右臂伸出，手心朝上，肘尖朝下，日方武士以两手抓住刘老师右手腕，以肩扛住其肘部，成为反拿关节。当裁判口令一出，日方武士想用力猛背，结果刘老师从一接上手就把对方拿住，使日方武士的双手无法用上后背肩扛的技法，完全处于“势背”的状态。此时，刘老师前后都能发力，但就此停下。日方武士心服口服，对刘老师的太极拳艺大加赞赏。日本武术访华团回国后在媒体上称赞说：“北京刘老很厉害！”

（《武魂》编辑部约稿，于2010年11月撰写）

附录一：名家评语

北京太极拳名家钱育才评语

北京市吴式太极拳研究会名誉会长、北京师范大学教授钱育才在87岁那年，专程到龙口与王云龙试手，交流习拳体会。事后，钱老对王云龙的学生说："你们真有福啊！云龙不仅练出了太极的真东西，而且不保守。我练了60多年的太极拳，什么样的人都遇到过，有的本身就没有真太极的东西，却还糊弄人。"

注：钱育才，师从吴图南、石明、王培生等太极拳名家，其弟子分布在美国、日本等地。

北京太极拳名家马长勋评语

北京太极拳名家马长勋对来自台湾的学生詹德胜（台北太极拳联会理事长）等人讲："建议你们到山东龙口去拜见一下王云龙。他是个乡村渔民，却又是个太极拳奇才，据我所知，有很多太极拳名家的弟子都没有练出云龙的那个太极劲。"

"王云龙的拳架和推手，是吴式太极拳的标准练法，走对了，像他这样的手现在全国是少有的。"

注：马长勋，吴式太极拳第五代传人，系北京太极拳名家刘晚苍入室弟子，并得到王子英、李文杰、杨禹廷等大家的传承指导。

马长勋给王云龙的一封信

云龙同志：

您好！见到来信内情尽知，关于形意劲的问题是这样的，太极、八卦、形意三家都是内家拳，但劲完全不一样，就是太极劲也完全不一样。同是一门太极拳也有差异，各有心得体会，有刚、有柔，各有千秋，但真正练出太极劲完全符合拳论者人数少之又少。您现在练出的体会当然是太极劲中高层的东西，说明下了一定的功夫，有好的悟性相结合才能如此，得之不易呀！艺无止境，从您写的心得就能知其功夫，身上没有是说不出这些话来的，祝贺您的成功。

关于少华哥俩，他们手法都比较柔和但内劲稍有不足，偏弱一些，如内劲再充实一点会更好。在听劲方面已懂，今后进步会快些，总之是太极的劲路，这哥俩将来也是好手。太极推手就是要多磨多练，功夫加悟性，悟性为先。

您在龙口一带培养了一大批弟子，对太极拳和推手事业的继承和发扬光大做出了很大的贡献，祝您事业有更大进步。

祝全家均安！

马有勋

2004.04.18

北京太极拳名家简启华给王云龙的一封信

敬爱的王云龙老师：

您好！在龙口时，我从王维鹏那里得知了您的情况，就非常想见您。经过龙口众位朋友们的联系和帮助，终于跟您见面了，我感到非常高兴。听您的谈话，我们有很多共同的见解，使我受益很大，真是相见恨晚。更蒙您赠送珍贵的文件资料和录像光盘，提高了我对太极的认识。

归家后看了光盘，也很受感动。您的太极教学很有特色，突出了柔化自然的特点，我很喜欢。压抑不住激动的心情，找来我们研究会的和宝英副会长共同欣赏，她是我的明理做人处事的老师，我想听听她的看法。

和老师看过光盘，激动得说：“这个功夫太好了，多年以来我就在追求这个东西。王老师把他的弟子们引上了修习太极的正路。有机会方便时我一定去拜见王老师好好请教。”

我告诉和老师，您和北京这边有联系，也有来北京的机会，宝英老师很高兴，还让我提醒您：外出时最好有个年轻人陪同，各方面好有人照顾。在家也要多注意身体健康，好把太极真功传给更多爱好太极拳的人。

再次向您表示崇高的敬意！顺祝夏安！

简启华

2008.07.08

注：简启华，北京市吴式太极拳研究会会长。

重庆市涪陵区李景耀审校书稿评语

阅读如闻王老师讲拳，全是干货。以前模糊的清晰了，似是而非的，明白了。习拳者常犯相同之毛病，且习惯难改。老师反复讲，反复引导，看似重复，实则递进。把拳理在身上实修出来，才是真明理。此书是极难得之武学的明理之书。

李景耀 25/6-2021

注：李景耀，现任重庆市涪陵区人大常委会主任，杨式太极拳第六代传人，师从太极拳大家李雅轩关门弟子李耀源，习练太极拳、太极剑、太极推手。之后，跟随北京太极拳名家李光昭修习太极内功。曾荣获2019年全国公仆杯杨式太极拳比赛亚军、太极剑比赛亚军，获得2019年重庆市杨式太极拳比赛冠军。

李景耀先生受编者之托，帮助审校《王云龙说拳论劲》书稿。在审阅完书稿之后，他由感而发，写下以上评语。

附录二：吴式太极拳（八十三式）

王云龙老师传授

预备势（太极势）（南向）

1. 起势（预备势）（南向）
2. 揽雀尾［左抱七星、左掤挤（南向）、右转90° 右抱七星、掤挤捋按②（西向）］
3. 斜单鞭（左转135° ）（东南向）
4. 提手上势（右转45° 右抱七星、右掤挤、右手上提）（南向）
5. 白鹤亮翅（南向）
6. 搂膝拗步③（左转90° 左搂膝、左抱七星、左搂膝；右搂膝、右抱七星、右搂膝；左搂膝、左抱七星）（东向）
7. 手挥琵琶（东向）
8. 上步搬拦捶（东向）
9. 如封似闭（东向）
10. 抱虎归山（右转90° ）（南向）
11. 左右搂膝［左转45° 左搂膝（东南向）；右转180° ，右搂膝、右抱七星、掤挤捋按②］（西北向）
12. 斜单鞭（左转90° ）（西南向）
13. 肘底看捶（左转135° ）（东向）
14. 倒撵猴③（东向）
15. 斜飞式（头向东北—面向西南）
16. 提手上势（右抱七星、右掤挤、右手上提）（南向）
17. 白鹤亮翅（南向）
18. 海底针（左转90° ，先左搂膝拗步，再做海底针）（东向）
19. 闪通背（右转90° ）（南向）
20. 撇身捶（右转90° ）（西向）
21. 卸步搬拦捶（西向）

22. 上步揽雀尾［掤挤捋按②］（西向）
23. 正单鞭（左转90°）（南向）
24. 云手③（南向）
25. 斜单鞭（左转45°）（东南向）
26. 左高探马（左转45°）（东向）
27. 右分脚（东南向）
28. 右高探马（东南向）
29. 左分脚（东北向）
30. 转身左蹬脚（左转135°）（西向）
31. 进步栽捶（左搂膝、右搂膝、进步栽捶）（西向）
32. 翻身撇身捶（右转身180°）（东向）
33. 左高探马（东向）
34. 右蹬脚（翻身二起脚）（东南向）
35. 右左打虎势（右步向西南、面向东北；左步向西北、面向东南）
36. 提步蹬脚（右蹬脚）（东南向）
37. 双峰贯耳（东南向）
38. 披身蹬脚（先歇步、南向；后起身左蹬脚、眼东向、身南向）
39. 转身蹬脚［左脚右转180°、先蹲（面北向）；后起身右转90°右蹬脚］（眼东向、身北向）
40. 上步搬拦捶［搂膝拗步②右搂膝、左搂膝、左抱七星、手挥琵琶、上步搬拦捶］（东向）
41. 如封似闭（东向）
42. 抱虎归山（右转90°）（南向）
43. 左右搂膝［左转45°左搂膝（东南向）；再右转180°右搂膝、右抱七星、掤挤捋按②］（西北向）
44. 斜单鞭（左转90°）（西南向）
45. 野马分鬃（先右抱七星，再右分，再左分，再右分，再右抱七星，再右分）（西向）
46. 玉女穿梭（先向西南穿；再转向东南穿，再右抱七星，再右野马分鬃；再转向东北穿；再转向西北穿）（西北向）
47. 上步揽雀尾（先上左步大捋，再上右步掤挤捋按②）（西向）
48. 正单鞭（左转90°）（南向）

49. 云手③（南向）
50. 斜单鞭（左转45° ）（东南向）
51. 下势（东向）
52. 金鸡独立（左独立、右独立）（东向）
53. 倒撵猴③（东向）
54. 斜飞式（头向东北—面向西南）
55. 提手上势（右抱七星、右掤挤、右手上提）（南向）
56. 白鹤亮翅（南向）
57. 海底针（左转90° ，先左搂膝拗步，再做海底针）（东向）
58. 闪通背（右转90° ）（南向）
59. 撇身捶（右转90° ）（西向）
60. 上步搬拦捶（西向）
61. 上步揽雀尾［掤挤捋按②］（西向）
62. 正单鞭（左转90° ）（南向）
63. 大云手③（南向）
64. 斜单鞭（左转45° ）（东南向）
65. 左高探马（左转45° ）（东向）
66. 迎面掌（东向）
67. 转身十字摆莲（右转身180° ）（西向）
68. 搂膝指裆捶（西向）
69. 上步揽雀尾（掤挤捋按②）（西向）
70. 斜单鞭（左转135° ）（东南向）
71. 下势（东北向）
72. 上步七星（东北向）
73. 退步跨虎（右转135° ）（南向）
74. 回身迎面掌（右转90° ）（西向）
75. 转身双摆莲（右转180° ）（向东）
76. 右左弯弓射虎（先右脚放东南向，眼看东北向；再左脚放东北向，眼看右脚跟）
77. 上步挫捶（东向）
78. 揽雀尾（东向）
79. 正单鞭（左转90° ）（北向）

80. 上步挫掌（西向）

81. 揽雀尾（西向）

82. 正单鞭（南向）

83. 合太极（南向）

注： 1. 因云龙师教拳时未就拳架式子顺序提供文字，本次整理，以云龙师所授为主，参考杨禹廷先师著的《太极拳动作解说》整理成上述吴式太极拳八十三式拳架。

2. “○”中数字表示动作重复的次数。如②，表示该动作重复两次。

后 记

《王云龙说拳论劲》从筹备、编写、审稿到定稿，历时一年半，整个成书过程得益于三方面力量。

首先，得益于云龙老师和光昭老师的鼎力支持。云龙老师毫无保留地提供了自己大半生修拳、悟拳的原始资料；光昭老师为该书作了饱含深情的序言。特别是在书稿编写过程中，两位老师不仅给我以精神激励，而且在拳理拳法的表述上予以精心指导，为本书面世奠定了基础。

其次，得益于内行及友人的全力相助。著名作家、中国作协副主席、山东省作协原主席张炜先生拨冗批阅《王云龙说拳论劲》一书，且亲笔为本书题词。《中华武术》杂志执行主编龚建新先生，作为从事武术专业期刊编辑出版工作二十多年的资深编审，专门为该书作序，并予以客观评价。重庆市涪陵区人大常委会主任李景耀先生在百忙之中抽空审阅书稿，提出中肯意见。龙口市人大常委会副主任张之建、原《龙口报》（现更名为《今日龙口》）社长遇广义、万松浦书院常务院长田连漠及办公室主任王海东、原龙口市广电局副局长仲崇设等，在章节结构、内容编辑等方面知无不言，给予参谋。烟台发达锦程文化传媒有限公司总经理吕建超、设计部主任赵柏树、设计员黄少琳等为书稿的装帧设计、文字排版付出了艰辛劳动。

最后，得益于云龙拳社同仁们的通力协作。宋深厚与杨志强联手完成了“悟拳手迹”这一部分内容的打印、校对。索军、吕孝丁、韩存波、李绍臣、孙行发、张云峰、战庆玲、迟玉昆、郑秉祥等参与了审稿、校改等工作。

在《王云龙说拳论劲》付梓出版之际，我怀着虔诚的心情向王云龙老师、李光昭老师、张炜主席、龚建新编审、书稿收录照片中的太极拳大家及传统武术名家以及上述各位友人及同仁深表谢忱！

2021年12月8日